다시 지은 고택(故宅)

당호(堂號) 현판, 서예가 최재량(書)

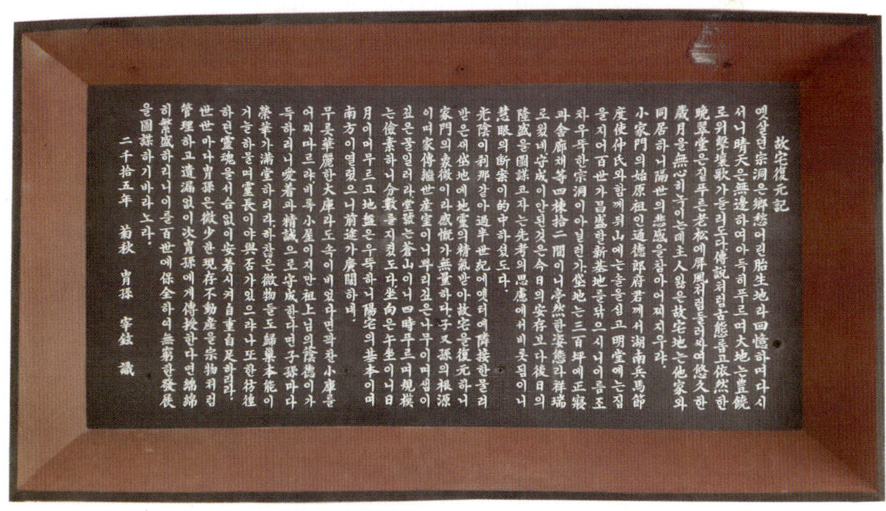

故宅復元記

옛살던宗洞은鄕愁어린胎生地라回憶하며다시
서니晴天은無邊하여아득히푸르며大地는豊饒
로위擊壤歌가들리도다傳說처럼古態롭고依然한
晩翠堂은질푸른老松에屛風처럼둘러싸여悠久한
歲月을無心히녹이는데主人잃은故宅地는他家와
同居하니隔世의悲感을참아어찌지우랴.
小家門의始原祖인通德郎府君께서湖南兵馬節
度使仲氏와함께뒤山에는솔을심고明堂에는집
을지어百世가昌盛한新基地를닦으시니이름조
차우뚝한宗洞이아닐런가.垈地는三百坪에正寢
과舍廊채等四棟拾二間이니亭然한姿態라祥瑞
로왔네.守成이안된것은今日의安存보다後日의
隆盛을圖謀코자는先考의思慮에서비롯됨이니
慧眼의斷案이的中하셨도다.
光陰이刹那같아過半世紀에옛터에隣接한물려
받은새垈地에地靈의精氣받아故宅을復元하니
家門의象徵이라感慨가無量하다.子又孫의根源
이며家傳繼世産室이니뿌리깊은나무이며샘이
깊은물일러라.堂號는蒼山이니四時푸르며規模
는儉素하니分數를지켰도다.坐向은午坐이니日
月이머무르고地盤은우뚝하니陽宅의基本이며
南方이열렸으니前途가廣闊하네.
무릇華麗한大庫라도속이비었다면꽉찬小庫를
어찌따르랴.비록小屋이지만祖上님의蔭德이가
득하리니愛着과精誠으로守成한다면子孫마다
榮華가滿堂하리라.하찮은微物들도歸巢本能이
거늘하물며靈長이야與否가있으랴나또한彷徨
하던靈魂을서슴없이安着시켜自重自足하리라.
世世마다胄孫은微少한現存不動産을宗物처럼
管理하고遺漏없이次胄孫에게傳授한다면綿綿
히繁盛하리니이를百世에保全하여無窮한發展
을圖謀하기바라노라.
二千拾五年 菊秋 胄孫 宰鉉 識

고택 복원기 현판

積善之家
必有餘慶

저자 서(書)

도시의 소나무

조재현 수필집

도시의 소나무

인쇄| 2015년 12월 27일
발행| 2015년 12월 30일

글쓴이| 조재현
펴낸이| 장호병
펴낸곳| 북랜드
06252 서울 강남구 강남대로 320 황화빌딩 1108호
대표전화 (02) 732-4574 | (053) 252-9114
팩시밀리 (02) 734-4574 | (053) 252-9334

등 록 일| 1999년 11월 11일
등록번호| 제13-615호
홈페이지| www.bookland.co.kr
이-메 일| bookland@hanmail.net

책임편집| 김인옥
영　　업| 최성진

ISBN 978-89-7787-650-7 03810

값 12,000 원

도시의 소나무

조재현 수필집

북랜드

책을 내면서

집사람과 함께 팔공산을 찾았다. 백안 길은 어느새 흩날리는 노랑나비들에게 점령당해 버렸다. 단풍은 산에도 절정이다. 동화사 앞에는 단풍놀이 잔치가 한창이다. 산허리를 숨바꼭질하듯 이어져 있는 고즈넉한 도로를 따라 파계사 쪽으로 차를 몬다. 팔공산은 언제 가 보아도 어머니 품속처럼 아늑하다. 홍 단풍 가로수가 서녘 하늘의 햇살을 받아 더욱 붉다. 마치 불꽃이 타오르는 듯하다. 우리 부부는 불꽃 터널 속을 꿈속처럼 달린다. 집사람은 어느 새 소녀가 되어 탄성을 올린다. 문득 나도 감성이 싱그러워져 젊은 날의 초상이 회억되는 듯했다. 하지만 그 끝자락에는 꿈을 깨듯 은연중에 코앞의 현실과 맞닥뜨려 있다.

현실은 언제나 과거를 생산하는 진행형이 아닌가. 그 진행 양태는 다양하겠지만, 자신의 수준에 알맞은 목표에 도전하거나 그것의 성취 단계가 가까워 온다면 기대감 또한 따르게 되는 법이니, 마치 농부가 땀 흘려 가꾼 작물의 추수를 기다리는 심정과 다를 바가 없으리라. 나 또한 그런 심정으로 그동안 써 두었거나 발표했던 작품들의 의미를 씹으면서 상재하기에 이르렀다. 하지만 그 맛은 과거의 그것만큼 싱그러움이 느껴지지 않는다. 작품성도 그러하려니와 횟수가 늘어날수록 글 쓰는 일이 점점 더 힘들어지기 때문이기도 하다. 기억력은 물론이고 사고력과 문장력마저 둔감해지니 말이다. 거기다가 건강마저 튼실치 못하니 더욱 그럴 수밖에.

하찮은 작가라 할지라도 사색과 고뇌가 따르지 않는다면 창작의 기쁨을 맛볼 수가 없다. 그 기쁨을 극대화하려면 어느 작가든 도예 가들처럼 다듬었다 부쉈다 하는 장인정신의 산고를 감수하지 않으면 안 되리라. 나 또한 여태껏 그것을 신조로 여기며 창작에 임하려고 했다. 작품의 소재부터 숙고를 거듭하고 퇴고를 밥 먹듯이 했기 때문이다. 그리하여 한 편의 작품이 태어나긴 하지만, 발간 횟수가 늘어날수록 고뇌의 신생아는 점차 장애인 같거나 미숙아 같은 느낌이 드니 어찌하랴. 심정이 이러니 창작의 기쁨을 누리기보다는 독자들의 시선이 더 두려울 뿐이다.

퇴임한 지가 어느 새 15년이 넘었다. 정도의 차이가 있기는 하지만, 누구나 삶이 석양에 이르면 자연이 만들어 놓은 쇠퇴라는 이름의 늪속으로 빠져 들 수밖에 없다. 나는 거기에다 호흡기 질환이라는 가속이 붙어 있기에 그 구심력을 제어하고자 브레이크 밟기에 여념이 없다. 다행히도 운명은 나의 편에 서 주어서 현상을 유지하고 있는 중이다. 집사람의 노고는 물론 아이들의 효심에 많은 의지를 했다. 가족의 소중함이 새삼 느껴진다. 모두 고맙고 사랑스러울 뿐이다.

이 책을 상재하여 간행해 주신 북랜드 직원 여러분들과 장호병 회장님께 감사의 말씀을 드린다.

차례

■ 책을 내면서

1 황혼의 언덕에서

2 도시의 소나무

3 문학에 대하여

4 선현을 뵈오며

5 삶에 웃음이 섞인다면

6 정의, 그대여 일어나라

1
황혼의 언덕에서

고향집을 다시 짓고

고향 마을에 내 집이 드디어 다시 일어섰다. 이 얼마 만인가! 먼 길을 헤매다가 안가에 다다른 나그네의 심정이 이와 같으랴. 고심 끝에 고택을 복원한 것이다. 하여서 집들이를 한다고 사방의 친척들이 다 모여들었다. 거실과 뜰을 가득 메운 화훼들의 화사하고 싱그러운 자태가 정성들여 가꾼 정원을 무색하게 할 지경이다. 또 그 부피처럼 살림이 불어나기를 기원하는 화장지도 골방에 가득하게 쌓였다. 이것들은 모두 우리 소 가문의 친척(대소가)들이 가져온 축하 선물이다.

어디 뿐인가, 박실 종숙은 축하 한시를 지어오셨고, 소 가문의 문중에서는 거금 백만 원을 찬조했다. 평소에 외가의 향념이 넘치는 한밤의 존 고종은 초청도 못했는데 일부러 내방하여 일봉一封의 축하금을 내놓으니 그 정의情誼에 감흥되어 거절할 수가 없었다. 부산의 삼종숙 두 분 역시 축하금을 건네는데 특히 교동 숙은 벽시계 값이라며 30만 원이나 찬조하시니 참으로 과분하기가 이를 데 없다.

대소사에 물정 넘치고 칠칠하기로 소문 난 삼종 제 영호는 고급 화분에다 하객들에게 나누어 줄 타월을 또 준비해 왔으니 역시 그다운 베풂이다. 청년회에서는 포항에서 주문한 싱싱한 회로 집들이 상을 푸짐하게 했다.

형제자매들도 과분한 도움을 주기는 마찬가지였다. 특히 임호와 정실이는 각각 500만 원씩의 거금을 찬조하니 비록 동기간이지만, 맏이인 나로서는 그들에게 특별한 베풂도 못했으니 굳이 거절할 수밖에. 그럼에도 막무가내로 내놓으니 받을 면목이 없을 뿐이었다. 그럼에도 오히려 '이것은 주손의 용단에서 비롯된 결과의 소산'이라고 추켜세우면서 감격의 축하를 아끼지 않으니 그 과분함을 어찌 필설로 다할 수 있겠는가. 집안에 가득한 우애와 돈목의 집들이 분위기가 화훼 분에서 번지는 그윽한 향기와 함께 맑디맑은 초가을의 하늘위로 드높이 피어오른다.

아버지께서 조상 대대로 살아오던 고택을 처분하시고 소달구지에 이삿짐을 싣고 고향 땅을 떠나야 했던 울적의 세월이 어언 50여 년이니 어찌 오늘따라 더욱 상기되지 않으랴. 자식들이 시대 변화에 낙오될까봐 삭막한 도회지로 무작정 이주했으니 그것은 안존을 뿌리친 무작스런 모험일 수밖에 없었다. 창파에 나부끼는 일엽편주에 노를 잡은 사공과 무엇이 달랐으랴. 가솔들의 생계를 위하여 영일이 없이 노심초사하시던 그 어느 날, 이 무슨 조물의 시기인가, 50대 중반에 비운의 변고로 유명을 달리하시니 청천벽력이 이보다 더하랴. 당신께서 뿌린 씨앗이 채 열매를 맺기도 전에 너무나 허무하게 떠나시고 보니 가족들은 솔개에게 어미를 잃은 병아리 꼴이 되어 서럽고 아픈 가슴으로 세파와 맞다닥뜨려야 했다.

하지만 세월은 모든 상처를 치유하는 약이었다. 아버지의 혜안의 단안은 헛되지 않았다. 어느덧 우리들은 인간 본분의 근저를 터득하여 안분지족을 누리고 있으니 그 은혜가 호천망극일 뿐이다. 그 뜻을 조금이라도 갚을 수 있는 길이 있다면 고택을 회수하는 길이 한 방편이었으리라. 하지만 새 주인이 당초의 건물을 철거하고 신식 건물을 지어버렸으니 아련한 모습만 가슴 속에 남아있을 뿐, 그 흔적은 찾을 길이 없다. 그러니 이미 시위를 떠난 화살일 뿐이다. 그렇다고 차선의 대안책마저 포기한다면 아버지의 혼령인들 어찌 편안하시겠으며, 나 또한 바람에 날아다니는 풀씨 꼴이 되고 말 것이다. 이 어찌 비감한 일이 아니랴.

새집의 터는 옛 집과 맞붙다시피 한 조상님들이 물려주신 문전옥토의 한 자락을 잘라 잡은 곳이다. 그 규모와 형태는 옛 집에 비할 바가 못 된다. 60평의 대지에 18평의 건물에 불과하니 300평의 대지에 4동의 옛 건물을 견줄 수가 없다. 하지만 지령의 정기가 서려있고 조상님의 혼령이 영명하시어 음덕이 만당하리니 자손들이 대대로 성창할 근원이 되는데 부족함이 없으리라. 건축에 조예가 있는 사람 같으면 혼잡하듯 지을 수 있는 집을 온갖 우여곡절을 겪으면서 완공하고 보니 착공한 지 열 달이나 넘게 걸렸다. 빌딩을 지어도 몇 채를 지었을 시간이었다. 비록 작은 초려에 불과하지만, 만년에야 뜻하던 바를 이루었으니 그것이 뭐 그리 대수로우랴. 오늘 드디어 집들이 풀이를 하게 되니 기쁜 마음일 뿐이다.

옛 풍습대로 이사 떡도 빼 놓지 않았다. 찹쌀가루에다 팥고물을 얹어 빚은 이사 시루떡이 오늘 음식의 주인공이다. 동민들에게도 이사 떡과 타월을 빠짐없이 돌려 입택 신고를 하고, 회관 노인들에게도 직접 방문하여 인사를 나누며 점심 대접하는 것을 빼놓지 않았다. 그 노인들이란 내 어린 날 함께 뛰놀며 지냈던 몇몇 친지들이 전부다. 고택의 당호는 창산당蒼山堂이라고 지었다. 모든 친척들이 경청하는 가운데 나는 감사의 인사와 함께 고택 복원기를 낭독하고, 종숙은 손수 지은 축하 한시(아래)를 직접 읊었다.

천시와 지리를 얻어 이루니待得天時 地利成
초당에 갑자기 서광이 일어나네草堂倏忽 瑞光生.
창을 둘러있는 채약산은 천년 빛이요繞窓藥峀 千年色
베개에 울리는 금호강물 만고의 소리로다鳴枕琴波 萬古聲.
벼슬에 나아가 큰 계책 펴니 충성 보였고出試鵬圖 展葵志
물러나 서원규범 닦으며 참 정성들이네退修鹿典 獻芹誠.
새롭게 새복 만나고 새 운도 만나니新迎新福 迎新運
벼슬 이어 문한 길 계속 하리라繼述簪纓 詩禮程.

시구마다 과찬이요, 행간마다 축원이니 홍감할 뿐이다. 상 앞에 둘러앉아 음식을 즐기면서 한바탕 집들이 풀이가 벌어졌다. 다시 지은 새집에서 손뼉 치며 부르는 노래 소리가 어찌 새롭지 않으랴! 조상님들의 혼령은 물론, 지령 또한 무심치 않을 터이니 필경 감응하셨으리라. 유구한 계세繼世의 근원이 되기를 간절히 기원할 뿐이다.

붙박이로 살다보니

도회지의 거처란 전통사회나 농경시대와는 사뭇 다르다. 바람결에 날아다니는 풀씨 같기도 하고, 목초지를 따라 이동하는 유목민의 마상馬上살이 살림 같을 뿐이다. 셋방살이나 전셋집으로 옮기는 고초를 여러 번 반복한 후에 작으나마 내 집으로 격상하는 기쁨을 맛보는 과정을 겪다보면 필연적으로 따르는 것이 떠돌이 삶이다. 어디 그 뿐인가, 살던 곳이 재개발되면 어쩔 수 없이 보따리를 싸야 하고, 좀 더 투자 가치가 높은 주거지를 찾아다니거나 교육을 비롯한 생활환경을 쫓다보면 한 곳에서 붙박이처럼 오래 정착해 살아간다는 것은 불가능한 일이다.

장자인 나도 결혼 초에는 그랬다. 새 직장이 도심에서 산격동으로 옮길 무렵, 곧바로 그곳 근처에 단간 셋방을 얻어 신접살이를 차렸다. 그 주위를 맴돌면서 세 번째 이사를 했을 때였다. 아버지께서 청천벽력처럼 창졸간에 별세하시고보니 본가로 합가를 할 수밖에 없었다. 그곳에서 3년 상을 마친 후 새로 마련한 거처가 지금의 이 조그마한 단독주택이다. 그때는 세 칸 방에 아홉 식구가 복작거리면서도 외로 난 한 칸 방은 세를 놓고 살았다. 그러나 그것을 궁핍으로 여기지는 않았다. 당시 서민들의 거처수준도 그랬으니까.

어느덧 40여 년 전의 일이다. 인생의 황금기인 30대 중반이었다. 선대로부터 물려받은 고택故宅쯤이면 몰라도, 이 볼품없고 낡은 거처에서 붙박이가 된 채 천금 세월을 다 갉아먹은 것이다. 땅굴 속에서만 살아가는 두더지거나 극한을 비웃는 북극곰은 그들 본래의 삶이지만, 나는 우둔의 소치일 뿐이다. 하지만 부지불식간에 그렇게 되었을 뿐이다. 코 빠지게 살다보니 세월을 헤아릴 겨를조차 없었다. 그 사이 동기와 자식들은 새둥지를 틀어 다 떠나갔고, 어머니마저도 선화仙化하시어 아버지 곁으로 가셨다. 그제야 살피니 둘만 남은 채 20여 성상이 하루살이 삶같이 흘러가버린 것이다.

그 후에 흐른 광음이 또 20년이다. 전반기와는 달리 고진감래의 세월이라고 해야겠다. 세 놓았던 방은 나의 서재로 변했고, 또 다른 한 칸은 기존 부엌과 연결하여 입식으로 개조했다. 그래도 한 칸은 남아 허드레 방으로 쓰고 있다. 하지만 하늘 아래 곳곳에서 마천루처럼 솟아 오른 아파트에 비하면 구태스럽고 불편하기 이를 데 없다. 집사람은 그것을 빌미로 늘그막에나마 편하게 살아보자며 아파트 타령을 했다. 아이들도 맞장구를 쳤다. 나는 그때마다 이유를 둘러댔다. 그러다보니 여태껏 이곳을 벗어나지 못했다. 그 사이 내 집 주위의 집들은 주인이 몇 번씩이나 바뀌었는데도 말이다.

따지고 보면 모두가 내 탓이다. 융자를 내서라도 여러 번 팔고 사며 돌아다닌 친구들은 달랐다. 대개가 맨션 정도의 탄탄한 아파트를 장만해 노년의 안락을 구가하고 있다. 그럴 주변머리가 없는 나로서는 은행 문 앞에 가보지도 못했고, 아파트 추첨권 한 번 넘보지도 않았다. 이재 증식에는 맹물인 셈이다. 그러니 어찌 붙박이 신세를 면할 수 있겠는가. 그것을 극복해 보고자 부엌을 개조했던 것처럼 땜질식 수리를 수도 없이 거듭했다. 집장사가 지은 날치기 집이다보니 더욱 그랬다. 지붕과 대문은 전체를 완전히 헐어내고 개수했을 뿐만 아니라, 방수 난방시설 화장실 겸 욕조 마루 천장 등 어느 것 없이 한두 번 손대지 않은 곳이 없다.

집사람도 이제는 포기한 듯 아파트 타령을 멈추었다. 꼼짝 않는 나의 태도에 지친 때문일까? 생각건대 꼭 그런 것만은 아닐 것 같다. 나의 꼬드김에 감동(?)했는지도 모른다. "비록 수고롭지만, 허공에 매달린 닭장 같은 집에서 갇힌 듯이 사는 것보다는 땅위에서 흙을 밟으며 열린 하늘을 이고 사는 것이 더 낫다."고 말이다. 자위지심이긴 하지만 아파트에서는 느낄 수 없는 다른 맛이 없는 것은 아니다. 봄이면 줄장미꽃이 대문 위를 붉게 물들이고 여름이면 능소화 주저리가 또 그 옆을 장식한다. 손바닥만 한 마당이지만 옹색함을 모르듯이 자란 감나무와 계단 난간의 포도넝쿨이 운치를 겸한 시원한 그늘이 되어줄 뿐더러, 열매까지 선사하니 일석이조가 아닌가.

거기다가 옥상을 이용한 장난 같은 채소 가꿈도 소일거리로 한몫 한다. 빈 화분에다 고추 상추는 물론이고, 가지 호박 등을 적당히 심어 그 자라는 모습과 따 먹는 재미도 아파트에서는 느낄 수 없는 또 다른 삶의 한 자락이다. 그러니 이 늘그막에 남은 세월인들 어찌 떠나랴.

황혼의 언덕에서

퇴직이 가까워 올 무렵에는 기분이 한껏 부풀어 있었다. 명문 귀거래사를 남긴 도연명이 떠오르기도 했다. 그는 속박된 관직에서 벗어나 가족 친지들과 사랑을 나누며 유유자적, 남은 인생을 자연과 더불어 즐겼다. 감히 그에 비할 바는 못 되지만 나 역시 조직의 굴레에서 풀려나 자유인이 된다는 것은 별로 다를 바가 없을 것이 아닌가. 그것은 평생을 그 조직에 얽매여 시계추처럼 생활한 지난 시간들에 대한 보상이기도 하리라. 출근시간을 맞추려고 종종걸음을 칠 필요가 없으니 늦잠을 원 없이 잘 수 있어 좋고, 기갈나던 공휴일이 매양 연속이니 이 또한 얼마나 푸근한 일인가.

기대한 대로였다. 인생 2막의 또래들이 어울려 한 주가 멀다시피 인근의 산을 찾는 것이 보통이었고, 해외여행이나 교외에 여행을 수시로 다니기도 했다. 가치나 취미가 상통하는 조직에 가입하거나 동아리를 만드는 일도 놓치지 않았으며, 많은 기우들과 사흘이 멀다시피 즐기는 바둑놀이는 빼놓을 수 없는 오락이었다. 퇴직 초기에는 등단(문인)의 기회를 얻어 창작에 열을 올리기도 했으며, 불우이웃을 돕기 위하여 현직 때 조직한 여경회餘慶會를 더욱 활성화하는 일도 게을리 하지 않았다. 또 이 지역의 유림 단체인 박약회장博約會長에 피선되어 유림의 사회 참여 및 활성화에 기여하기도 했다.

광음은 유수 같았다. 그 알토란 세월이 흐른 지 어느새 10여 년, 이 무슨 조물의 작란인가, 어느 날, 이름조차 생소한 폐 섬유증이라는 희귀병을 발견하게 된 것이다. 이런 낙담이 또 어디 있겠는가. 신의학으로는 대책이 없다니 말이다. 전술과 무기의 부실로 전투 한 번 제대로 펼쳐보지 못한 채 지리멸열하고 마는 패잔병 신세가 되고 말았다. 속수무책이라는 말이 이런 때를 두고 하는 말일 것 같았다.

이참이었다. 궁즉통이라고 했던가, 이 요물의 주리를 틀 수 있다는 정보를 입수했다. 어느 한의원이었다. 지푸라기라도 잡는 심정으로 이 병원장에게 의탁하기로 했다. 그런지 얼마 만이었던가, 드디어 기적의 문이 열리는 듯했다. 마치 폐차 직전의 차량이 정비 끝에 시동이 걸리는 것과 같다고 해야 할까. 마침내 서광曙光이 이루어진 것이다. 지난 가을부터는 기침은 거의 멎었으며 호흡도 평지에서는 불편함을 느끼지 않을 정도가 되었다. 종합병원의 검사 결과 폐 기능이 3년(50%) 전보다는 조금 향상되었다는 판정이 나왔다. 병원을 되돌아 나오면서 "오!! 조상님, 감사합니다!!"를 연발했다.

이 병마로 인하여 자식들도 수고를 했지만 집사람은 환자 못지않은 심신의 고생을 겪었다. 평소의 부엌일만으로도 성가실 나이 이거늘 아침 먹고 나가면 저녁에 들어오던 영감탱이가 종일 방구석에 처박혀 삼식이가 되었으니 병 수발에다 빠짐없는 밥 수발까지 어찌다 감당했으랴. 노인들에게 있어서 여생의 시간들은 야누스와 같은 존재다. 건강한 노인들은 행동이 자유로우니 일상이 흐르는 강물과 같다. 하지만 병마에 신음하는 노인들은 고여서 썩어가는 물일 뿐이다. 이 물은 자정력自淨力을 기대하기가 힘들다. 까닭에 결국에는 구천이라는 블랙홀로 빨려 들어 갈 수밖에 없다.

이런 시련과 현실의 체험을 겪고서야 육신의 질환쯤은 남의 일로만 여겼던 지난날의 자신감이 건방과 오만에서 비롯되었음을 깊게 깨닫지 않을 수가 없었다. 한때는 늘 5월의 정원 속처럼 느껴졌던 인생 무대 2막이이었는데, 중반 이후에는 이로 인해 허망한 신기루 꼴이 되어 있었다. 젊은 날의 초상 같던 시간들이 쏜살같이 흘러가버린 과거가 된 채 제동도 걸어보지 못한 채 블랙홀로 빨려 들어갈 뻔 했으니 말이다.

아무튼 누구나 황혼이 가까워질수록 강물처럼 흘러간 지난 세월이 초여름의 훈풍처럼 풋풋함으로 다가와 손끝에 잡힐 것만 같은 느낌일 것이다. 인생사는 찰나이며 여 부운이라는 말이 더욱 실감날 뿐이다. 이 어찌 여옹침呂翁沈의 한단몽邯鄲夢이 아니랴.

도연명은 귀거래사를 마무리하면서 "잠시 조화의 수레를 탔다가 이 생명 다하면 돌아가리니聊乘化以歸盡, 주어진 천명을 즐길 뿐 무엇을 의심하겠는가樂夫天命復奚疑."라고 읊었다. 어느 삶이 그렇지 않으랴. 노인들이란 누구나 정도의 차이일 뿐, 황혼의 언덕에 서서 스산한 바람을 맞으며 귀근의 낙엽을 뿌리고 마는 한 그루의 고독한 나목일 뿐이다.

새벽 별

참으로 오랜만에 새벽 별을 보았다. 조무래기 샛별이 아닌 덩치 큰 흐릿한 별들, 밤을 지새울 일이 없는 사람들로서는 낯선 모습이 아닐 수 없다. 막내 숙모가 별세하여 장의 예식장에서 아무렇게나 하룻밤을 지새우게 된 것이 계기였다. 화장장 티켓을 따기 위해 다섯 시에 발인을 한다며 때맞추어 일어나 출상 준비를 하란다. 눈을 뜨자마자 덤덤한 심신을 가다듬을 요량으로 예식장 밖 빈 마당으로 나오니 확 트인 하늘이 한눈에 들어왔다. 희뿌연 먼동이 쌀쌀한 어둠의 장막을 밀어내려는 순간이었다. 늦은 새벽 별들은 그 틈에 드문드문 고단한 모습으로 졸고 있었다.

초롱초롱한 저녁 별들과는 사뭇 달랐다. 서로 다투듯이 제 모습을 더 드러내려는 저녁 별들은 밤새도록 숨바꼭질하거나 하늘에다 갖가지 영롱한 그림을 그리고 수를 놓는다. 남북으로 끝없이 펼쳐진 미리내 무리들은 신비한 용들의 유영을 위하여 무한정 흘러넘치게 한다. 너무 신바람이 난 놈들은 제멋에 겨워서 포물선을 그으며 날

다가 나락으로 떨어지기도 한다. 하지만 새벽이 가까워오면 그 모습을 볼 수가 없다. 그 수많은 조무래기 별들은 어느 새 사라지고, 남은 덩치 큰 별들마저 비실비실하며 맥을 못 춘다. 밤새도록 기운을 너무 소진한 탓일까, 아니면 조무래기 별들을 잃은 외로움 때문일까? 그래서 새벽 별들은 애처롭고 측은하다.

새벽 별의 존재를 예전에는 미처 깨닫지 못했다. 그러니 나의 뇌리에는 여태껏 시골의 밤하늘에서 쏟아지는 찬란한 별빛의 유희만 각인되어 있었다는 셈이다. 태양이 새벽을 밀어내고 백일 청천하여 그 위대한 생명의 광채를 내리면 삼라만상들은 그것을 숙명으로 받아들이며 성숙하는 것만을 진리로 여겼을 뿐, 그것으로 인해 사라질 수밖에 없는 또 다른 군상들의 숙연한 생사에 대해서는 사려해 보지 못했으니 청맹과니였나 보다.

인간들의 삶의 종착점도 새벽 별과 무엇이 다르랴. 나의 숙모도 한때는 한밤의 영롱한 별이었다. 막내인 가난한 남편을 만나 고생도 많이 했지만 현모양처의 역할과 부덕의 도리에 손색이 없었으니 어찌 그렇지 않으랴. 새벽 별처럼 빛이 바래 갈 즈음인 노후에는 교직의 며느리를 뒷바라지 하느라 골몰을 면치 못했어도 불평 한 번 하지 않았다. 그랬던 삶을 일흔여덟에 마감했으니 비록 내밀 것은 없다 하더라도 그리 녹록한 여로는 아니었던 것 같다. 우주의 지배자인 태양의 군림 앞에 새벽 별이 사라지듯이, 그의 삶도 이처럼 거역할 수 없는 조물주의 섭리를 따라 사라져간 것이다.

내 주위에도 새벽 별이 되어 우주 속으로 사라져 간 친구가 열 손가락이 모자랄 지경이다. 그들 모두가 하나같이 새벽이 오기 전까지는 저마다 개미처럼 일궈놓은 별자리에다 둥지를 틀고 초롱초롱한 눈부신 빛을 발산하며 별들의 노래를 찬미했다. 그러나 때로는 더러 천둥번개와 폭풍우가 그들의 별자리를 흔들거나 무너뜨려서 빛을 잃어버릴 위험에 빠질 때도 있었을 터이리라. 이때 그 인고의 시련을 극복하지 못하는 불운한 별들은 여명의 새벽이 아니더라도 별똥별처럼 사라질 수밖에 달리 도리가 있겠는가. 그러니 나이의 순서가 맞아 떨어질 수가 없다.

불혹의 중반이었던가, 사무관 승진 통과 관문에 지쳐 삶의 끈을 놓쳐버린 친구들을 비롯한, 정열의 별빛이 한창 영롱할 자정 즈음에 사라져 버린 요절한 옛 친구들이 떠오른다. 이순에 접어들어서는 더욱 가속도가 붙었다. 동고동락했던 친구들과 제2의 인생을 유유자적하게 즐겨보겠다고 여락의 동아리를 틀었을 때는 방이 비좁도록 자리가 차더니만, 10여 년의 세월이 어느 새 흐르고 보니 빈자리가 절반이다. 인생사 여 부운如 浮雲이라더니 허무할 뿐이다. 새벽 별을 삼켜먹는 우주의 지배자가 그렇듯이, 새벽 별처럼 사라져 간 벗들의 생명의 끈도 우주의 어디쯤에 존재하는 조물주가 쥐고 있으리라.

그중 한 친구는 생전에 나더러 "떠나간 자들과 남은 자들의 의미를 산문으로 한 번 그려보라."고 몇 번이나 그랬다. 그는 문학에 대한 이해와 관심을 가지는 편이었다. 생각건대 감성적이었던 그는 낙엽처럼 떨어져가고 새벽 별처럼 사라져간 그 친구들의 삶이나 남아있는 우리들의 삶이 같은 연장선延長線상의 존재라는 인간 본성적인 애증과 함께, 소멸이라는 존재가 우리들과 너무나 지근한 거리에 닿아있다는 자화상을 발견하고 인생무상을 깊이 체감한 때문이 아닐까 싶다.

떠난 자가 그랬듯이 남은 우리 늙은이 역시 생명을 준 그 준엄한 지배자 앞에 덧없음으로 서있는 한낱 빛바랜 새벽 별에 지나지 않을 뿐이다.

K형에게

K형! 오늘따라 나의 귓전을 울리던 그 카랑카랑한 K형의 목소리가 더욱 간절하게 다가오네. 휴대전화로 주고받았던 일전의 대화 말일세. 더군다나 합부인과 함께 야외공원을 거닐면서 받는 전화였다니 더욱 반갑지 아니한가. 얼마 전만 해도 느껴보지 못했던 형의 힘찬 목소리도 그랬을 뿐더러 관절염 증세로 하반신이 부자연스럽다던 합부인과의 동행 나들이라니 어찌 그렇지 않을 수가 있겠는가.

K형, 우리가 인연을 맺어 이어온 그동안의 세월이 무릇 얼마인가. 그것도 온갖 세파를 함께 겪으며 살아온 둘도 없는 금관지교의 죽마고우이니 주마등처럼 흘러간 그 세월 속에 얽혀진 인연들이야 어찌 필설로 다 하겠는가? 백수 신세로 서로의 집을 내 집처럼 드나들며 꽁보리밥도 감식을 하고, 서느런 우동국물을 안주로 삼아 강술을 마시던 그 중국집의 추억을 어찌 잊을 수 있겠는가. 어디 그뿐인가, 만경관 극장 건너편의 어느 대폿집에서 막걸리 한 잔을 앞에 놓고 안주로 삼았던 빨간 생고추가 어이도 그리 맵던지, “아따 고놈의 고

추 양기 한번 세구먼!" 가슴을 두드리고 호호거리며 개그를 하던 K형의 그 모습이 아직도 눈에 선하군.

누구든지 청년기 시절이라면 자신의 인생 목표를 성취하기 위한 도전에 최선을 다 하겠지만, 그 욕구가 좌절이라는 장벽에 부딪힐 수도 있는 것이 인생사의 현실이 아니겠는가. 우리들 역시 예외가 아니었으니 옹이처럼 박혀있는 그 고해의 세월을 다시 회억해보니 그것은 다만 시련의 창파를 타고 넘는 수련修鍊의 시기였던 것 같네. 단단한 농기구는 대장장이에게 적당히 두들겨 맞고 담금질 당한 끝에 태어나듯이 우리도 그 세파를 타고 넘기 위한 담금질을 받은 셈이니 어찌 소중한 무가無價의 수련이 아니었겠는가.

K형! 우리는 그 때의 수련이 인생의 나침반 역할에 일조가 되었음인지, 수신과 제가는 물론 평생을 상명하복의 조직사회에 몸 담아 유루 없이 항해의 소임을 다하고 마침내 안존의 항구에 닻을 내렸지 않았는가. 그것은 매사의 소임에 불의를 적심摘心하고 적심赤心적 처신을 하며 살아 온 대가라고 생각되네. 따져보니 그 인생의 오롯한 황금기를 꿈꾸듯이 보내고 야인이 된 지도 어느 새 20년이 가까워 오네. 그 인생의 황금기 또한 어찌 쉽게 잊을 수가 있겠는가. 그 속에는 응당 애환이 함께 녹아있겠지만, 삶의 목표의 성취 시기인 동시에 자아실현의 적기이기도 하기 때문이니 말일세. 그리하여 비록 넉넉하지는 못하지만 그 추수의 결실물이 여생의 또 다른 반려자가 되어있지 아니한가.

참으로 좋은 세월이었지! 우리는 비록 성가 후에 잠시를 제외하고는 서로 중앙과 지방도시에 갈라져 살았지만, 우정만은 시공에 구애拘礙받을 수가 없었지. 적어도 현직에 있는 동안에는 일 년에 한 두 번씩은 서로 오가며 세상사와 인생사를 푸짐한 안주로 삼아 회포를 풀기가 다반사였으니 말일세. 군 입대도 함께하였고 K형의 혼수 함을 지고 간 것도 나였으며, 세월이 흘러 영식令息의 주례 또한 내가 했으니 이게 어디 보통 인연인가. 그뿐인가, 형에게 꽁보리밥밖에 내놓을 수 없었던 집사람과 나와의 금혼식 때 초대한 오직 한 사람만의 친구가 K형이 아니었던가. 그 때 형은 감회어린 명문의 축사를 해 주었으니 이 또한 우리 둘만이 간직할 수 있는 감개무량한 우정일 수밖에.

그랬던 우리가 약속한 세월이 가져다주는 나이라는 숫자 앞에 굴복 당했음일까? 어느 날인가 우연히 알게 된 나의 그 병마는 이름마저 생소한 폐섬유증이라는 것이었지. 이 병은 참으로 고약하여 신의학이 백기를 든 불치병이라니 인생을 정리해야 할 절망 앞에 설 수밖에. 그 병마의 고통과 씨름하며 지푸라기라도 잡는 심정으로 어느 한의원을 대안으로 선택한 후였지. 그 때 형은 수시로 근심 어린 목소리로 위로와 회춘을 기원하는 전화를 보내주지 않았던가.

그러기를 얼마 지날 무렵, 그 강철 같던 형이 느닷없이 어느 병원에 입원을 했다는 소식을 듣고서는 적이 놀라지 않을 수가 없었다네. 무슨 운명의 장난인가, 안타깝게도 동병상련의 처지가 되고 말았으니 말일세. 그 때 주고받았던 서로의 목소리는 흡사 나풀거리듯 떨고 있는 낡은 형광등 불빛 꼴이었으며 가을바람 앞에 떨어지려는 가랑잎 같았을 뿐이었지. 형은 그 와중에 합부인의 거동마저 용이하지 못했으니 그 이중고를 어이 감내했겠는가?

K형! 우리에게 닥쳤던 그 블랙홀 같았던 운명의 비바람이 개기 시작한 것은 지난 여름 이후부터인가 싶네. 그 대안의 한의원은 형의 기원과 더불어 나에게 더할 수 없는 행운을 안겨 주었다네. 완치는 불가능하지만, 더 악화는 막을 수 있다던 처방이 현실로 다가왔

다네. 그간의 불편이 많이 회복되었을 뿐더러 이 상태로 호전된다면 일상생활에는 지장이 없을 것 같으니 말일세. 형 역시 몇 달 만에 한 번씩 검진을 받아야 했던 그 증세가 드디어 지난여름에 완쾌의 통보를 받았다고 하지 않았던가. 서로가 자축의 술잔을 들어야겠네.

그 후 한때나마 그쳤던 메일도 더욱 왕성하게 띄워주고 근간에는 형의 근린공원의 자연풍광들도 자주 Facebook에 올려주니 그것만으로도 회생의 보람일 뿐더러 즐거운 볼거리라네. 거기다가 합부인까지 완쾌하여 함께 공원을 활보한다니 이 어찌 금상첨화가 아니겠는가.

K형! 이제는 남은 시간이 노루 꼬리만 한 황혼의 인생일 뿐이니 피차간에 지금까지 그랬듯이 무욕의 격조格調로움과 건강을 각별히 유념하며 오래오래 우정을 누리기를 기원하네. 또 합부인과도 변함없는 행복을 누리시기를 진심으로 기원하네.

화장실에 걸 벽시계를 사온 집들이 손님

며칠 전, 모처럼 만에 몇몇 탄회坦懷의 지인들을 초빙하여 검소한 오찬 자리를 마련한 적이 있다. 이 자리에서 식사가 끝날 즈음에 L 회장이 나에게 느닷없는 제언을 했다. "내가 며칠 내로 귀하의 시골 집에 들를 계획인데, 아무도 없으면 음료수를 대문 안으로 밀어 넣고 갈 터이니 그게 있으면 내가 왔다 간 줄 아시오."라고 하는 것이 아닌가. 그분의 개그 같은 뜻밖의 제언에 모두들 한바탕 웃었다. 나도 덩달아 웃을 수밖에. 하지만 그분의 말에 조금도 가식이 없어 보이는 진지함이 깃들어 있었다.

도대체 저 분이 왜 저러실까 싶었다. 가만히 생각해봐도 수수께끼 같았다. "아니 회장님! 갑자기 부잣집 통시만 한 그 초당을 무엇이 볼 게 있다고 방문하시겠다는 말입니까?" 직답은 역시 "어쨌든 방문할 터이니 그리 아시오."라는 엉뚱한 우답뿐이었다. 고향에 집을 지었다는 사실은 물론, 가족이 상주하지 않는다는 것 까지도 정확히 알고서도 굳이 방문을 하시겠다는 것이다.

L 회장은 여러 군의 전직 군수를 역임하신 동향인으로서 애향심과 향우애가 남다를 뿐더러 전통문화 계승창달 사업에도 사번하기가 이를 데 없다. 근년에는 포은 정몽주 선생을 주향하는 임고서원 성역화 및 선생 생가의 중창 사업을 주역했으니 그 공이 참으로 혁혁하시다. 그뿐만 아니다. 전통 윤리를 중심으로 한 여러 권의 가례집을 발간하여 각처에 무료 배포했을 뿐만 아니라, 방 선조의 위선 사업에도 심혈을 기울이고 있다. 또한 임고서원의 원장 역임 이래 비 선조(시호: 문간, 휘: 호익)를 독향獨享하는 도잠서원의 원장 직을 소임 중이시기도 하다.

까닭에 그분의 호칭도 다양하다. 나는 되도록이면 무난하리라고 생각되는 "회장님"으로 호칭할 때가 많다. 이처럼 공사간의 지위나 능력은 물론 사회적 인지도가 높은 데다, 연치 또한 5~6년이나 높다보니 나로서는 쳐다보아도 한참이 될 처지이다. 이런 분이 느닷없이, 같은 시내도 아닌 촌락의 초라한 누옥을 방문하시겠다니 솔직히 나로서는 황당하게 들리기까지 했다. 하지만 어쨌든 L 회장의 너무나 지나친 정의情誼에 감동하지 않을 수가 없었다.

자리를 파한 후 돌아오면서 되새겨 보아도 의심의 여지가 없었다. 어정거리다가는 정말로 주인이 오기만을 기다리는 음료수 박스를 맞이하는 꼴이 되지 않을까 염려가 되기도 했다. 하기에 불일내 선수를 쳐서 초청하기로 작정을 했다. 그러기 위해서는 두어 분의 동행인을 함께 초청하는 것이 필수적일 것 같았다. 요즈음 같은 풍요로운 세상에는 금강산 구경도 동행할 사람이 먼저일 것이다. 그럼에도 황차 초라하기 짝이 없는 무명의 비제鄙第에 방문함이야 말할 나위가 있겠는가.

생각 끝에 그 날 오찬 초청자 중에 연치도 비슷하고 교분도 두터운 사이인 두 분을 초청하기에 이르렀다. 한 분은 같은 동향인으로서 문인 겸 국사편찬위의 사료史料조사위원이며, 다른 한 분은 여러 군의 교육장을 거친 처족으로서 두 분 다 인격과 덕망을 겸비한 분들이니 나로서는 금상첨화 격이라 하겠다.

세 분의 귀객 모두에게 승낙을 받고는 약속한 날짜에 차를 몰고 나갔더니 두 분은 벌써 기다리고 있었다. 그런데 이건 또 무엇인가? 주빈은 두 개의 박스를, 한 분도 홍삼음료수 박스를 앞에 놓고 있었다. "아니 이 노인 분들이 왜 이러십니까? 거기다가 회장님은 보따리가 왜 두 개나 됩니까?"라고 했더니 말이 끝나기가 바쁘게 하시는 답변인즉, "금은방에 갔더니 요즘에는 벽시계가 하도 흔해빠져 취급도 안 하더라고, 부득이 교동시장에 가서 샀는데, 응당 새집에도 벽시계가 있을 터이니 이 시계는 화장실에다 걸어 놓으시오."라는 것이다. 마치 거실에 걸어 놓은 벽시계를 쳐다본 것 같은 말씀이 아닌가, 박장대소를 할 수밖에.

이내 나타난 한 분마저 역시 음료수 박스를 지참하고 있었다. 망구 또는 망구를 코앞에 둔 노인들이니 아무런 준비가 없는 맨손의 방문일지라도 나로서는 고마울 뿐이다. 평소에 이 분들에게 남달리 적심赤心의 도리를 다한 바가 없으니 그럴 수밖에. 더구나 어느 가수의 노랫말처럼 초원 위에 지은 그림 같은 집도 아니며, 부호가의 고대광실高大廣室 같은 호화주택도 아니기에 착각하고 구경삼아 오실 턱은 만무하니 어찌 이 분들의 방문에 흥감하지 않을 수가 있으랴. 나로서는 거기다가 복원 후에 맞는 첫 손님이니 이 또한 의미 깊은 일이 아닐 수 없다.

까닭에 영접을 위한 준비라도 해야겠다는 생각이 들었다. 하지만 그마저 갖추지를 못했다. 종숙과 집사람이 미리 와 기다리다가 손님을 맞았다. 우선 누옥의 처마에 걸린 당호를 배경으로 기념촬영을 하고는 거실로 안내했다. 비제鄙第에서의 접빈은 간결한 견과류와 국화차 한 잔이 전부였다. 도리로 따진다면 자가에서의 오찬이 당연하지만, 달리 대책이 없어 곧바로 읍내 식당에서 대중 식으로 대신할 수밖에 없었다. 오찬 후에 임고서원과 선생의 생가 중창 지를 둘러보는 것으로 일정을 끝냈다. 아무리 지근한 사이일지라도 이 같은 진정어린 방문은 참으로 어려운 걸음이 아닐 수 없다. 그 뜻 깊은 시계는 걸려있던 시계의 자리에 바꾸어 달았다.

분에 넘치는 집들이 방문을 해 주신 L 회장님은 물론 초청에 응해주신 두 분에게 거듭 충심으로 감사의 말씀을 드린다. 아울러 초청을 베풀지 못한 많은 수담지교와 각별한 지인들에게 해량을 바랄 뿐이다.

숙면의 사연事緣들

거실(마루)에 대대로 전승되어 오던 서書궤짝이 하나 놓여있다. 이 궤짝은 두 사람이 맞잡아야만 들 수 있을 정도의 크기다. 내 어릴 적 시골의 사랑방에서는 늘 윗목을 차지하고 있었다. 내간 가구처럼 백통장식은 안 했지만 재질이나 색깔이 수더분하여 골동품에 가까울 정도이다.

이 안에는 조상님들의 손때가 짙게 묻은 서류들이 들어있다. 이 서류들은 200여 년에 이르는 긴 세월 이래 시나브로 수합된 것들을 아무런 간추림 없이 뭉텅이로 모아 보관만 해둔 상태였다. 그러다보니 그 서류들의 사연들을 일일이 소상하게 알 수가 없었다. 그 전에는 몇 권의 낡은 고서들도 함께 들어 있었다. 조상님들이 활용하시던 수학修學자료인 것 같았다. 그 분들의 혼이 깃들어 있는 소중한 책들이라 생각되어 서가 한쪽으로 옮겨 놓았다. 그런 후에 서랍마다 무질서하게 차있는 서류들은 감히 정리할 엄두가 나지 않아 그대로 방치해 두었다.

비용을 들여 정리하거나 번역할 만한 가치는 못되지만, 그렇다고 해서 그대로 내버려 둘 수도 없는 노릇이었다. 비록 한 소 가문이지만 후손이 무식하여 그 나름의 역사를 숙면상태에서 영원히 깨어나지 못하게 한다든가, 관리 부실로 인하여 유실하게 된다면 훗날 조상님들을 뵙게 될 때 무슨 말씀을 드리겠는가. 하지만 나로서는 선뜻 손을 댈 수가 없었다. 이 무식쟁이의 수준으로는 그것을 제대로 정리할 수 없기 때문이었다. 하기야 한글 전용 탓으로 한학 전공자가 아니면 눈 뜬 장님이 된 세상이니 미루어 둔들 어찌하겠는가? 내 눈에 보이는 것만큼이라도 정리해 보자는 생각에 이르렀다.

그러던 어느 날 궤짝을 열고 뭉텅이를 들어냈다. 서류 봉투들은 한지 특유의 곰팡이 냄새를 유감없이 풍겼다. 마치 조상님들의 냄새처럼 느껴졌다. 많이 만져서 손때가 꼬질꼬질 묻고 푸실푸실 핀 것들도 있었으며 또 어떤 것들은 좀이 쑤셔 상처를 내놓기도 했다. 그런 반면 어떤 한지는 연한 단풍잎처럼 노릇하게 색깔은 변했어도 정갈한 글씨는 세월의 무게를 뛰어넘어 묵향이 풍기는 듯했다. 모두가 조상님의 손자국이 이곳저곳에 어김없이 묻어있을 것이다. 이 유장한 문서들을 내가 또한 만지고 있으니 마치 조상님의 손을 맞잡고 대화를 나누고 있는 듯한 느낌이다.

하나하나 분류를 해 보니 대체로 5대조고 이후 조상님들의 혼례와 상례에 관한 것들을 비롯한 망기望記 또는 천지薦紙와 서간문들이었으며, 선대의 문집발간 자료와 노비문서들도 있었다. 혼례에 관한 것들은 190여 년 전에 혼인하신 5대 조고부터 선고에 이르기까지의 남녀 조상님들에 대한 사성 연길涓吉 예간禮柬 물목 예장禮狀 등이었다. 상례에 관한 것들은 거의가 제문으로 그 양이 엄청났으며 위장慰狀과 만사輓詞도 상당히 있었다. 서간문들은 혼사 후 사돈 간에 주고받은 서찰을 비롯하여 유림 친교간의 문안이나 업무를 상의하는 서찰들이었다.

이 문서들 중 서간문은 모두 행서나 초서체라서 서두의 상투적인 인사말 및 발신자의 성함 정도만 겨우 알아 볼 뿐이었다. 수취인의 성함을 쓰지 않았던 당시의 서간문 형식 때문에 내용을 읽지 못하는 나로서는 수취인을 알 도리가 없었다. 어쨌거나 이런 청맹과니 눈으로 수백 통이나 되는 모든 문서들을 여러 날 동안 끙끙대며 알 수 있는 데까지 나름대로 짧은 설명을 곁들인 색인 표를 붙여 각 종류 별로 분류하기에 이르렀다. 그나마 의문의 껍데기만이라도 벗겨낸 셈이다.

이 일로 인해 새롭게 알게 된 것은 6대조고 통덕랑 공 이상 양대 분의 내력은 단 한 건(제문)을 제외하고는 보존되어있지 않다는 점과, 조상님들마다의 가력(경제력)을 짐작할 수 있었다는 점이다. 영천군지에는 통덕랑 공(6대조)께서 단계지(못)를 막고 금호강에 수리시설을 하여 많은 양민을 구제했다고 기록되어있다. 이로 미루어볼 때 공公이 가력에는 구애받지 않았을 것으로 여겨진다. 5대조고 때는 노비가 열 명이나 되었으며, 그 후대부터는 점점 줄어들다가 갑오경장 후에는 완전히 사라졌다. 추측건대 가력이 노비의 숫자에 비례했으리라고 생각된다.

왜정 때의 재산 목록(세무서에서 발급)에 나타난 전답은 근 8,000평 정도였다. 그랬던 것이 내가 철이 들 무렵에는 4,000평이 남짓했을 뿐이었다. 그런 터에 선고께서는 선대가 그랬듯이 농무農務에 능력이 미치지 못하시는 데다 자녀가 7남매나 되다보니 가세가 급격히 기울어질 수밖에 없었다. 내가 성인이 가까워질 무렵에는 점점 더 곤궁에 빠지게 되니 대대로 살아왔던 고택을 처분하고 이판사

판 풍진의 도회지로 뛰어 드시게 된 것 같다.

그 동안 뭉쳐놓았던 나와 관련된 반세기 전의 사연들도 풀어헤쳤다. 그대로 보관한들 무슨 의미가 있겠는가. 군병 시절 집사람과 주고받았던 "사랑하는 당신이여…… 어쩌고저쩌고" 하는 낯간지러운 사연들과, 꼬부랑 언문체의 어머니 편지를 비롯한 장모의 자정 넘치는 편지들도 간직되어 있었다. 붉은 선이 세로로 그어진 갱지 편지지는 반세기의 세월이 무거운 듯 녹 쓴 철판처럼 삭아 내렸다. 어머니의 말년에 당신께서 지은 가사며 사돈지, 제문 편지 등을 언문 문집으로 펴냈는데, 그때 내게 보내주신 편지를 챙겨 얹지 못한 것이 아쉽다.

그 중에는 한 통의 특이한 편지도 있었다. 아우의 연일 유전 개발에 관한 사연이다. 나는 이 글을 읽고 절로 웃음이 터져서 한참동안 킬킬거리며 웃었다. 무식하면 용감하다던가. 유전에 대한 허황한 무지가 온 나라를 들썩거릴 때였다. 그때 나는 한 지방 소도시에서 직장생활을 하고 있었다. 아버지는 일확천금의 꿈에 부풀어 시골의 남은 전답 일부를 처분하여 투자하였고, 아우는 공로주를 받는 조건으로 무보수 사무직으로 근무하고 있었다. 이 편지에서 아우는 "전국에 추진위원들이 수천 명이나 되므로 회사 설립 시 좋은 자리를 얻으려면 투자도 필요하지만 공로가 더 중요하다."며 속히 사표를 내고 내려와 개발업무에 참여하라는 것이다.

당시 내가 몸담고 있던 직장이 비전도 없던 터라 그 말이 솔깃하여 덜컥 사표를 내고 와서 동참하게 되었다. 지금 생각해보니 참으로 코미디 같은 촌극이 아닐 수 없었다. 아버지는 물론, 우리 형제의 이런 우행愚行으로 인해 물심양면의 상당한 피해를 입었다. 그것을 극복하는 데는 긴 시간이 필요했다. 어쨌거나 이 사연들을 정리하면서 느낀 것은 조상님들은 유가의 전통을 올곧게 지켰으며, 아버지와 우리들은 시대 변천의 파고를 넘으며 역경을 감내하였기에 그나마 가문의 명맥을 이어왔다고 생각된다. 그것으로 자위를 삼아야겠다.

박사 부자 · 박사 모녀

나라의 경제가 성장함에 따라 학력도 질량적으로 엄청나게 팽창했다. 아니 학력이 경제력 팽창의 바탕이 되었다고 하는 것이 맞을지도 모르겠다. 이 바람에 학위가 많이 인플레된 것도 사실이다. 어지간한 직장에서도 박사가 많다보니 직함을 붙여 호칭할 뿐, 아무 박사라고 부르는 경우가 드물다. 게다가 박사 학위증을 내밀어도 변변한 직장을 구하기조차 힘든 세상이 되어 버렸으니 격세지감이 아닐 수 없다.

비록 그런 박사일지언정 나에게는 참으로 장하고 자랑스러운 두 박사 동생이 있다. 박사 부자와 박사 모녀가 그들이다. 그들은 마치 자갈밭을 옥토로 일궈 낸 개척 농부 같은 집념으로 상아탑을 쌓아 올린 것이다. 이 어찌 형설의 공이 아니랴. 여기에다 공학박사인 막내 남동생은 공학박사 아들을 두었고, 문학박사인 막내 여동생은 문학박사인 딸을 두었으니 부전자전이며 금상첨화라고 해야겠다.

남동생 진호는 경북대 공대(IT대) 학장과 산학협동처장을 거쳐 정년을 앞두고 있다. 그의 학위 취득은 80년대 전반이었으니 지금보다는 값이 좀 나갈 때다. 뿐더러 역경과 인내 속에서 일궈낸 결실이기에 더욱 값지다. 그는 가정형편 때문에 고교 졸업 후 취업을 택할 수밖에 없었다. 하지만 향학의 꿈을 억누를 수가 없어 이듬해에 경북대 공대 전자공학과에 입학했다. 학비 충당을 위하여 줄곧 가정교사와 과외지도를 쉬지 않았지만, 장학금도 놓치지 않았다. 박사과정 입학시험은 전방 사병시절(제대 무렵)이었음에도 열 명을 뽑는 전형에서 합격하는 행운을 얻었다. 수료 후 3년 만에 학위를 취득하고 동시에 보직을 받게 되니 이 어찌 경사가 아니랴.

그는 매사에 속 깊은 동생이었다. 학비를 지원해주지 못하는 형으로서는 늘 마음이 켕기었지만, 그런 내 마음을 이미 꿰뚫어 보듯이 한 번도 형에게 서운한 기색을 보인 바가 없다. 어머니와 가족들에게는 공경과 우애를 다하고 학교생활 또한 모범이 되었으니 참으로 고맙고 기특한 동생이 아닐 수 없었다. 그가 만약 진취적 사고가 부족했더라면 형인 나의 뜻에 순응하고 말았을 터이니 하마터면 꿰지 못한 옥구슬 꼴이 될 뻔했다. 참으로 아찔한 생각이 든다. 못난 형이 두고두고 미안하고 부끄러울 수밖에.

그의 아들이자 나의 조카인 성훈이는 서울대에서 석·박사 학위를 취득했다. 지방대(경대) 출신이면서도 단번에 서울대 공대 대학원에 거뜬히 합격했으며, 석·박사 모두 수료와 동시에 취득했다. 그의 공학박사 학위 논문은 전부 영어로 작성되어 있으니 영어 단어 한 토막조차 읽지 못하는 나 같은 무식꾼으로서야 그 심오하고 범상치 않은 논문이 그믐밤 같을 뿐이다. 다만 느낌으로 이 아이의 학문이 경지에 다가가고 있음을 느낄 뿐이었다. 또한 한 가정에서 부자가 함께 공학도의 길을 걷게 된 것도 의미있는 일이라고 생각된다. 그는 학위 취득을 끝내자 더욱 정진을 위하여 곧바로 미국 UCLA(대학)로 유학을 떠났다.

여동생(연향)은 여상을 졸업한 후 진학의 꿈도 꾸지 못한 채 직장을 다니다가 결혼을 했다. 그런 그는 문학 공부를 할 겨를조차 없었음에도 마산 거주 때인 94년 경남신문 신춘문예에 당선되었으며, 2000년(서울 거주)에는 ≪시와 시학≫의 신인상을 받았다. 그 즈음에 모시던 시아버지가 치매에 걸려 짙은 신고辛苦에 빠졌다. 사물을 분별치 못하는 미망의 환자였지만, 별세할 때까지 혼자서 하루같이 간병과 수발의 노고를 감수했으니 그 극진한 효성은 칭찬받아야 마땅할 것이다.

시아버지가 별세하시자 그동안 품어왔던 문학의 꿈을 이루고자 경희대 국문과에 입학했다. 그는 더욱 정진하여 2012년에는 드디어 동 대학의 박사학위를 꿰차게 되었으니 꿈을 현실로 일궈낸 쾌거가 아닐 수 없다. 1인 3역의 노고를 끄떡없이 감내하며 일궈낸 만년의 박사학위이니 어찌 값지고 소중하지 않으랴! 그가 학위를 받았다는 소식을 듣고 하도 장하여 눈물이 날 지경이었다. 저서로는 『제1초소 새들 날아가다』, 『오목눈이 숲새』, 『김소월 백석 민속성 연구』 등이 있으며, 육군사관학교, 강원대, 경희대 등에 출강하고 있다.

그의 딸이자 나의 생질녀인 손보미 역시 경희대 국문과 출신이다. 모녀가 동문출신의 선후배에다 같은 문학도이니 이 또한 경사가 아니랴. 2011년에 박사학위를 수료하고 금년에 학위를 수여받았으며, 수료와 동시에 서울예대, 고려대 대학원에 출강하고 있다. 보미는 이미 문학성을 타고난 것 같았다. 2011년에 ≪동아일보≫ 소설 부문 신춘문예에 당선되었으며, 2012년에 소설 『그들에게 린디합』을 출간하여 문학도로서 자리를 굳혔다. 같은 해에 ≪한국일보≫ 문학대상, 문예지 ≪문학동네≫의 젊은 작가 대상, 21세기 이수문학상 대상을 수상했으며, 동아일보에 10년 후 '한국을 빛낼 인물 100인에 선정'되기도 했으니 참으로 촉망되는 문학도가 아닐 수 없다. 배필 또한 같은 대학의 선배 문학도를 만났다. 천생연분이라고 해야겠다.

이 지성들의 여정은 여전히 진행형이다. 지나온 여정처럼 항상 사색하고 탐구하며 최선을 다한다면 반드시 야망의 정상에 닿으리라.

여명이 상쾌한 날이면

눈을 부스스 떠 본다. 먼동이 열리는 모양이다. 창문이 희붐해 온다. 하루의 설계는 새벽에 하고 한 달의 설계는 아침에 한다지 않는가. 우선 하루의 설계부터 시작한다. 이 설계는 영혼의 몫이다. 영혼은 이미 오늘의 여명이 상쾌한 시작임을 알고 있다. 나의 육신은 영혼에 이끌려 곧바로 일어나 잠자리를 박차고 밖으로 뛰어나간다. 아침 해가 떠오른다. 눈이 부시다. 신천 둔치를 뛰어본다. 앞산 정상에도 올라보고 금호강 둑을 달리다가 강위를 훨훨 날아도 본다. 긴 심호흡으로 마침내 높이 하늘에 날아올라 풍진의 인간세상을 내려다보며 사유에 빠지기도 한다.

아내와 함께 나들이를 한다. 메뉴를 새겨두었던 음식점을 찾는 것도 빼놓지 않는다. 친구들과 정담을 쏟으며 점심을 나누고 기원에 들러 해가 질 때까지 수담놀이에 심취하며 인생을 즐긴다. 어디 그뿐인가, 멀리 떨어져 자주 만날 수 없는 그리운 죽마고우와 어울려 실컷 마셔대며 추억의 저편에서 반딧불처럼 가물거리는 소꿉시절을 반추하는 것도 영혼의 몫이다. 명인들의 작품집을 골라 독송해 보는 일이며, 영감이 떠오르지 않아 미루어 두었던 작품을 열어 마무리를 짓는 일도 보람된 일이다. 오장의 한 부분에 똬리를 틀고 앉아 육신을 갉아먹고 있는 얄미운 병마를 깡그리 잊은 채로 말이다.

이처럼 요즘 나의 영혼은 여명을 전에 없이 상쾌하게 맞이하는 날이 많아졌다. 그 순간은 마음이 풍선처럼 한껏 부풀 수밖에 없다. 건강이 어느 정도 회복되었다는 증거이다. 나는 지난 2년 가까이 육신의 불편을 겪느라 제대로 편한 잠을 누릴 수가 없었다. 때문에 영혼 또한 제대로 쉴 수가 없어 피곤의 늪에서 허우적거렸다. 이런 고난 끝에 얻은 여명의 상쾌함인지라 더욱 소중하다. 이것은 나의 영혼이 육신의 모든 상태를 꿰뚫고 있는 데서 비롯된다. 그렇지 않으면 육신을 지배할 수 없기 때문이다. 영혼이 맑고 활발하며 욕망이 넘친다면 육신 역시 그러하리라.

문득 어린 시절의 한 토막 일화가 떠오른다. 일곱 살쯤 되었을 때였던 것 같다. 나 또래의 손자와 함께 단 둘만 사는 친척 할머니가 이웃에 살았다. 그 손자와는 날마다 소꿉놀이는 하는 사이였다. 어느 날 새벽녘에 소변이 차서 잠이 깼다. 일을 마치고 나니 순간 소꿉동무가 불현듯 보고 싶어졌다. 그 길로 사립문 밖으로 나가 그 집에 들렀더니 아직 자고 있었다. 아랑곳없이 들어가서 또래를 들쑤셔 깨웠다. 그런 나를 할머니는 이불속으로 밀어 넣는 것이다. 잠에서 깬 그와 한참 재잘거리다가 그만 잠이 들어 버렸다. 이 영문을 알 턱이 없던 집에서는 자던 아이가 없어졌다고 난리를 쳤던 모양이었다.

비록 철없던 영혼이었을지언정 오늘처럼 여명이 상쾌하여 마음이 들떴던 모양이었다. 이처럼 일상의 여명을 상쾌하게 맞이할 수 있다는 것은 참으로 행복한 일이다. 여명이 상쾌하다면 하루가 상쾌할 것이며, 한 달 또는 일 년이 같을 날일 것이다. 하지만 나는 그동안 그렇지 못했다. 호흡기 증세가 조금만 악화되면 기침이 발작하여 잠을 제대로 이룰 수가 없기 때문이었다. 거기다가 두세 번씩 화장실을 찾게 만드는 전립선 비대증도 한 몫을 한다.

밤새도록 뒤척이며 끙끙거리다 보면 창문에 여명이 다가와도 깊은 밤처럼 깜깜하여 밝은 일과를 설계할 수가 없다. 미래가 보이지 않는 삶이니 무인고도나 황량한 사막에 혼자 버려진 꼴과 무엇이 다르랴. 육신과 영혼이 이처럼 암흑 속에 헤매니 사고가 퇴보하게 되고, 삶의 의욕이 좌절될 수밖에 더 있겠는가. 그렇던 건강이 근간 들어서 조금은 회복된 덕분에 다소 상쾌한 여명을 맞이할 수 있게 되었다. 행운이라고 해야겠다. 그 덕분에 일상을 어느 정도 회복하여 친구들과 어울릴 기회도 다시 얻게 되었다. 나의 여명은 남다른 소중함이 아닐 수 없다.

배 째기 직전에야

잠결에 갑자기 배를 가르는 듯한 통증이 일어났다. 밤 열두시쯤이었다. 과거의 경험을 떠 올려보니 위경련 같은 느낌이 들었다. 경험해 보지 않은 사람은 이 통증이 얼마나 심한지 모를 것이다. 임산모의 진통이 이보다 더하랴 싶다. 일어나 배를 추스르며 진정시켜 보려는데 별안간 목구멍으로 뱃속의 오물이 사정없이 밀려 올라왔다. 화장실을 찾을 겨를조차 없었다. 방바닥은 온통 시궁창이 되어 버렸다. 도무지 진정될 기미가 없었다. 근근이 화장실에 도착하자마자 또 사정없이 토해 올렸다. 창자마저 빠져 나오는 느낌이다. 무고히 생긴 불운을 두고 자다가 얻은 병이라더니 그야말로 자다가 얻은 병이 사람 잡는 고통을 주고 있다.

야심한 시간이라 병원을 찾을 수도 없어 상비약으로 버티며 아침을 맞았다. 기진맥진인 채 동네병원을 찾아 CT 검사를 받았더니 단순한 식중독이거나 위경련이 아닌 것 같다고 했다. 위경련과는 달리 설사는 전혀 하지 않기 때문이란다. 겁이 덜컥 났다. 진정제와 응급

약을 복용했으나 아무런 효험이 없다. 곧바로 종합병원으로 향했다. 응급실의 진찰 결과는 너무나 의외였다. "혹시 감이나 곶감을 먹었느냐?"고 묻더니 소장에 음식물이 막혔다는 것이다. 그러고는 곧장 콧구멍을 통해 위장에다 호스를 내리 꽂는 것이 아닌가. 5~6일이 경과할 때까지 자연적으로 뚫리지 않으면 수술을 해서 위를 잘라내야 된다는 것이다. "배를 짼다는 말이 아닌가." 곶감도 감도 먹은 바가 없으니 마른 날에 벼락을 맞은 꼴이다.

6인실 병실에 입원했다. 환자의 모습이 각양각색이다. 식도염으로 입원한 90세의 할아버지는 수하들의 간병이 극진하여 견딜 만한 모양이다. 하지만 간암에 걸린 76세의 노인은 자녀들이 설핏 다녀간 후 혼자 시한부 생명을 지탱하고 있다. 고독을 씹으며 고통을 쓸어내리고 있는 그가 안쓰럽다. 짬뽕을 먹고 식중독에 걸렸다는 고교생은 천연덕스럽게 스마트폰과 놀고 있는데, 간호하는 40대 후반의 부부는 교대로 밤낮을 지키고 있다. 폐렴에 걸렸다는 50대는 일주일을 살펴봐도 면회 오는 가족이 없고, 다리에 골절상을 입은 60대는 보조대에 의지하면서도 담배 때문에 밤중에도 연신 들락거린다. 모두들 그들의 인생사와 가정사가 엿보이는 모습이다. 어쨌든 동병상련의 처지가 아니랴.

위 속의 썩은 액체는 호스를 통해 계속 빠져 나오고 있다. 의사와 간호사가 다가와서 한결같이 "방귀 나왔느냐? 가스 나왔느냐?"고 묻는다. 웃기는 말 같았다. 아니 운동을 깡그리 중단해버린 배가 무슨 재주로 항문에 나팔을 불게 한다는 말인가. 답답한 노릇이었다. 5일째가 되던 날 아침의 회진이었다. 의사는 금식상태로 더 이상 기다린다는 것은 환자의 건강에도 무리일 뿐더러 자연 소통 가능성도 떨어진다며 "내일 아침까지 기다려 보고는 수술을 하자."는 것이다.

환자가 무슨 선택권이 있으랴. 하루 빨리 고통에서 벗어나고 싶은 심정뿐이었다.

이 와중에 갈증 때문에 기침을 하다가 그만 호스가 빠져버렸다. 처음 호스를 꽂을 때도 그랬지만 다시 꽂는 데는 엄청난 고통을 겪어야 했다. 시술의사의 서투른 솜씨 때문이었다. 식도로 내려가야 할 호스가 기도로 내려간 것이다. 반복해서 시도했지만 결과는 마찬가지였다. 몇 번이나 숨이 끊일 것 같은 위기를 겪다가 결국은 숙련 의사가 와서야 해결되었다. 이마저 의술의 개인차를 실감하는 순간이었다. 이를 보다 못한 집사람과 며느리는 혹시 위장의 막힌 부분이 터지는데 도움이 될지도 모른다며 뜨끈한 물수건을 배 위에 얹어놓고 계속 주무르기도 했다.

6일째 아침이었다. 아무런 변화가 없다. 오후 2시 반에 수술을 하기로 시간을 잡았다. 신체발부身體髮膚를 그대로 간직하는 것이 자식의 도리라고 하였지만, 현대의학은 그것을 용납하지 아니한 지 오래다. 난생 처음 배를 갈라야 한다니 기분이 야릇했다. 수술 준비를 마치고 수술실로 들어가기 직전이었다. 그런데 그 순간 기적 같은 일이 일어났다. 간호사가 아침저녁마다 확인하던 방귀 소식은 깜깜한 채 별안간 용변이 보고 싶어졌다. 급히 화장실을 찾았더니 묽은 변이 나오지 않는가. 색깔을 확인해보니 위장에서 빼내고 있는 액체의 색깔과 같았다. 즉시 주치의에게 알렸더니 배를 만져보고는 조금 트인 것 같다면서 계속 배를 주무르라는 것이다. 느낌이 좋았다.

7일째 아침이었다. 열심히 주무른 덕인지 어제 저녁에 이어 아침에도 화장실을 다녀왔다. 회진 온 주치의가 다시 배를 만져보더니 드디어 뚫렸다는 것이다. 귀가 번쩍 뜨였다. 즉시 호스를 뽑아내고는 물을 몇 잔 마셔보라고 했다. 세 잔을 곱빼기로 마셨다. 위통은 조금 따랐으나 금방 아래로 소통되었다. 극적이었다. 배 째기 직전에야 터진 것이다. 코가 부러지려다가 도로 붙은 꼴이니 행운이 아니랴. 이틀 후에 퇴원을 했다. 다른 많은 환자들도 나처럼 행운이 따르기를.

미역국의 응어리

아내가 차려주는 귀빠진 날의 아침상은 자식들이 따로 날을 받아 차려주는 식당의 생일상보다는 의미가 깊다. 비록 조촐하기는 하지만 그곳에서 볼 수 없는 밤 대추를 넣은 찰밥과 미역국으로 차리기 때문이기도 하다. 거기다가 아내의 사랑과 정성이 깃들어 있으니 바깥의 진수성찬에 어찌 비하랴. 특히 미역국은 그렇다. 그것은 나에게 있어서 단순히 생일상의 미역국으로만 다가오지 않는다. 아내의 몸과 마음에 멍이 들게 한 가시 같은 사연이 내 가슴에 숨어 있어서이다. 그 때문에 때로는 맛을 즐기기가 과분하고 계면쩍기도 하다.

막내 딸아이가 태어났을 때였다. 두 칠이 지날 무렵으로 여겨진다. 아내는 미역을 다 먹었다며 사 달라고 했다. 산모가 몇 칠까지 미역을 먹어야 완벽한 조리가 되는지를 나는 모른다. 위로 두 아이의 산바라지는 어머니와 장모가 각각 했다. 하지만 이번에는 나의 셋방살이 집에서 태어나고 보니 어머니가 초칠 때까지 바라지를 해주고 가셨다. 어쨌거나 아내의 요구를 듣고 보니 당장 미역 살 돈이 문제였다. 지난번에 해산 준비를 위해 구입했던 미역 값이 쌀 두 말 값과 거의 맞먹었지 않았던가. 순간 잔 머리를 굴렸다. '그까짓 미역 좀 덜 먹었다고 설마 어떨라고.' 싶었다.

"미역 그만 먹지 그래?"

그 끝에 던진 말이었다. 아내는 아무 대답이 없었다.

스스로 생각해도 마치 적군에게 항복을 받아내는 언사 같았다. 이 짓이 나의 철없는 오만에서 비롯되었음을 먼 훗날에야 깨달았다. 이렇게 잔인한 방법으로 강제 승낙을 받아내고는 더는 사 주지 않았다.

세 칠 째 접어들어 나물국을 먹을 때였다. 돌연 갓난아기에게 문제가 생겼다. 엉덩이에 이유 없이 종기가 돋아나더니 점점 커지면서 울보채기에 이르렀다. 아내가 이웃에 알아보더니 삼신할멈이 노해서 그렇다며 빌어 주라고 하더라는 것이다. 나는 겁이 덜컥 났다. 새 생명을 안겨준 산모를 푸대접했다고 갓난아기에게 대신 내리는 벌이 아닌가 싶었다. 황급히 어머니를 모시고 와 삼신상 앞에서 여러 번 빌었다. 치료비가 두려워 병원은 뒤로 한 채 말이다. 삼신할멈이 고마웠다. 우리의 딱한 사정을 받아들여 아기를 낫게 해 주는 것이 아닌가.

나물국을 먹게 한 그 단안을 내리기는 순간이었지만, 그 오만은 오래도록 나의 뇌리를 떠나지 않았다. 당시 가족들의 연명 줄은 초라했다. 노란 편지봉투에다 넣어주는 한 달 치 월급이 겨우 쌀 두 가마니를 구입할 정도의 가치에 불과했다. 그것만으로 버틴다는 것은 힘든 일이 아닐 수 없었다. 가끔은 담뱃값조차 궁핍을 떨기도 했으니 말이다. 또래 나이에 비해 공직 출발은 늦은 데다 부양가족은 앞섰기 때문에 더욱 그랬다. 이유야 어떻든 아내의 건강과 가족의 생계를 제대로 건사하지 못하는 무능함을 어찌 자책하지 않았겠는가. 그로 인한 아내의 멍은 끝내 풀리지 않은 응어리가 되었다.

세월이 한참 흐른 중년 이후부터였다. 아내는 자꾸 허기증이 난다며 마구 먹어댔다. 어떤 때는 먹은 후에도 금방 배가 고프다고 하거나 자다가도 그렇다는 것이다. 주위에서 모두들 산후 조리 부실로 속이 허해졌기 때문이라고 했다. 그것은 곧 미역을 비롯한 영양 공급이 제대로 되지 않았다는 것을 의미함이 아니겠는가. 아내의 생각도 이와 마찬가지였다. 몇 군데의 병원을 다녀와서도 뾰족한 치료방법을 얻지 못했다. 다만 한방에서 보신을 권할 뿐이었다. 도둑이 제 발 저리는 격이라고 할까, 가끔씩 이 증상이 나타날 때면 아내의 모습에 나를 원망하는 마음이 깃들어 있는 것 같아 은연중에 주눅이 들기도 했다. 하기는 대가족의 정구지역에 영일이 없이 시달렸으니 그게 아니라도 후유증이 있을 법했으리라. 그 증상을 퇴치해 보고자 약제와 보신을 병행해 보았지만, 완전히 근절이 되지는 않았다. 그때 만약 이 응어리를 예측했더라면 어느 목석인들 그런 매정하고 잔인한 단안을 했겠는가.

그것이 죄밑이 되어 해변으로 나들이를 나가는 날이면 으레 미역을 살피곤 한다. 그렇지만 상품은 가격이 만만치 않아 손을 내밀기가 어렵다. 그러다가는 꿩 대신 닭이라 듯이 몇만 원짜리 저가품을 사오기도 하지만, 아내는 품질을 탓하지 않는다. 그것도 잘만 만나면 괜찮을 때도 있다. 동해남부 철도선 해변의 일광에 갔을 때다. 마침 제철이어서 자연산이면서도 값이 쌌다. 잔각 열 올을 사 왔더니 미역 풍년이었다. 맛도 좋았다. 소 잃고 외양간 고치는 꼴이라고 할까.

이 가시 같은 사연은 생계를 빙자한 나의 오만에서 비롯된 일이다. 인생살이에 있어서 이 같은 오만은 한 번만으로 족하리라.

2
도시의 소나무

도시의 소나무 | 막걸리의 귀환 | 향촌동 거리 | 재미의 마력 | 어느 결혼식에서 | 개아들의 엄마 | 마력의 연기 | 완장 문화 | 영서와 영한의 시대 | 밑천 우려먹기 | 어떤 짐승들의 종말

도시의 소나무

예부터 "마당 튼데 솔뿌리 걱정하느냐"는 속담이 전해온다. 이 말을 새겨보면 소나무는 당연히 인가와 멀리 떨어진 산에서 생장하는 나무라는 뜻이다.

하지만 이제는 산에만 산다는 이 소나무의 속담은 옛말이 되어버렸다. 이들은 언제부턴가 도시의 아파트 단지나 공원 안에도 교목喬木 같은 모습으로 솟아올라 그 풍모를 자랑하고 있기 때문이다. 이 귀공자들이 어찌된 일로 풍진 속세로 내려 왔을까? 자의로 내려 올 턱은 만무하다. 욕망 덩어리인 인간들의 작태일 수밖에 없다. 그러니 인간들의 횡포에 얼마나 상심이 깊었겠는가. 태생 이후 줄곧 붙박이로만 살다가 어느 날 갑자기 기상천외하게도 헬리콥터에 매달리거나 큰 차량에 짐짝이 되어 끌려왔으니 그 두려움에 또 얼마나 기겁했으랴. 그뿐인가. 몸뚱이를 지탱해야 할 손발마저 거의 잘려버렸으며, 어느 때는 철사 줄로 꽁꽁 묶임을 당하기도 했으니 영문 모르게 끌려온 소나무들로서는 이보다 더 가혹한 형벌이 없었으리라.

소나무는 우리 민족의 영혼이다. 뇌성풍우와 엄동설한이 몰아쳐도 매양 짙푸름을 간직한 채 낙락장송으로 솟아올라 유장한 세월을 녹이며 이 땅에 번창하고 있으니 어찌 그렇지 않으랴. 살아서는 꿋꿋한 절조와 고고한 기상이 넘쳐 인간들의 귀감이 되고, 죽어서는 몸을 바쳐 동량棟樑으로 태어나니 이보다 더한 나무가 또 어디 있겠는가. 청산 낙원의 생장지에서는 낮이면 찬란하게 쏟아지는 햇빛의 무량한 축복을 받고, 밤이면 산야에 만공滿空한 은은한 달빛과 영롱한 별빛들의 정기를 머금으며 우주의 섭리를 구가하는 여유로움으로 살아왔다. 화란춘성花爛春盛 봄날이면 꽃향기를 음미하고, 녹음방초 여름에는 춤사위로 흥겨웠다. 오곡백과 가을에는 풍요를 구가하는 격양가에 취했으며, 설한의 엄동에는 송백후조松柏後彫 본성本性으로 독야청청 하는 것이 그들의 삶이었다.

하지만 이 풍진 도시에서의 삶은 그것을 송두리째 뺏겼다. 거기다가 인간들이 사용하는 각종 문화의 이기에서 토해내는 오염된 부산물들은 정말 숨이 막힐 지경이다. 도대체 이 속에서 인간들이 어떻게 살고 있는지 모를 일이다. 이 바람에 동료 교목들이 더러는 견디지 못하여 생명을 멈추고 말았다. 하지만 대다수 소나무들은 인간들의 이런 야비함을 갉지 않고 역경을 견디면서 살아남아 생명을 이어가고 있다. 어찌 이들의 속이 넓고 끈질기다 아니할 수 있으랴.

그들은 이런 역경을 견뎌 낸 끝에 드디어 위안을 얻기에 이르렀다. 그것은 대다수 인간들이 자신들의 풍모와 자태를 귀하게 여긴다는 사실이다. 솔직히 말해 산 속에서는 이런 것을 알았거나 따져 보지도 않았다. 그랬는데 도시의 요지에 자리 잡고부터는 달랐다. 귀공자 대접은 물론, 다른 수종들은 감히 쳐다볼 수 없는 위풍당당한 헌헌장부의 반열에 올라 있다는 사실이다. 그들의 위안은 이처럼 그

영예스러움에서 비롯된 것이리라.

그렇다. 인간들이 그대 장송 교목들을 도심에다 옮겨놓은 것은 그대들의 우아한 자태는 물론, 송죽에다 비유하는 그대들의 절조와 기풍을 사랑했기 때문이란다. 그러니 인간들이 그 많은 세월동안 그대 청송을 시제詩題의 주인공으로 삼아 읊은 노래들을 어찌 다 헤아릴 수가 있겠는가. 그 중에 시문학의 대가 고산 윤선도의 그대 사랑 노래를 읊어보자.

> 더우면 꽃 피우고 추우면 잎 지거늘/ 솔아 너는 눈서리를 모르느냐/ 구천의 뿌리 곧은 줄 그로 하여 아노라.

이 한 수로서 그대들의 본성을 헤아리고도 남음이 있지 않으랴! 고산은 이 시어가 말하듯이 평생을 올곧게 살다간 선비가 아닌가. 그런가하면 내암 정인홍은 그대의 고고함을 빙자하여 자신의 오만한 야망을 읊기도 했지.

> 작은 소나무가 탑 서쪽에 섰는데 (一尺孤松在塔西)
> 탑은 높고 소나무는 작아 어울리지 않네 (塔高松短不相齊)
> 오늘 소나무가 탑보다 작다고 말하지 마라 (莫言今日松低塔)
> 소나무가 자란 후일에는 탑이 오히려 작으리라 (松長他時塔反低)

그는 영의정에 올라 계축옥사를 주도한 풍운아였으나 끝내는 인조반정에 몰려 참형을 당하는 비운을 맞지 않았던가.

자고로 이처럼 선비들뿐만 아니라 우민들까지도 그대들의 예사롭지 아니한 풍모를 회자膾炙하며 삶의 거울로 삼았으니, 그대들의 운명이 바뀌게 된 것도 그 때문이 아니겠는가. 그러니 그대가 삶에 찌든 도시민들에게 영원토록 변함없는 청량제가 되어 주기를 갈망할 뿐이라네.

막걸리의 귀환

술의 역사는 인류 역사와 버금간다고 한다. 가무와 더불어 삶을 풍요롭게 하는 촉매제 역할을 했기 때문이리라. 현대에 와서는 옛날의 단순했던 주종과는 달리 오만가지 술이 풍요의 화신이 되어 애주가들의 입맛을 잡아당기고 있다. 이 와중에 왕년의 우리 농주였던 막걸리가 다시 뜨고 있다. 마치 연어가 태어난 하천으로 회귀하듯이 옛 터전으로 돌아온 것이다.

유행이라는 것이 인간들의 의복이나 장신구를 비롯한 외모의 변화를 몰고 온다는 것은 말할 나위가 없지만, 음식 문화까지도 변화시킨다는 것을 처음 깨닫게 되었다. 막걸리는 몇십 년간 맥주와 소주 등에 밀려 그동안 완전히 푸대접을 받아왔다. 그랬던 것이 불과 몇 년 사이에 많은 주당들이 다시 막걸리 애호가로 탈바꿈한 것이다. 무슨 돌림병처럼 왜 이렇게 술자리마다 막걸리가 번져 나가고 있을까? 서민들의 식당만이 아니다. 청와대 오찬장의 귀빈 접대주로도 등장하는가하면, 외국인들도 즐기고 심지어 일본 미국 등 외국에까지 수출하는 웰빙 음식의 자리에 올랐으니 격세지감이 아닐 수 없다.

우리들 나이의 농촌 출신이라면 누구든지 소년시절에 일찌감치 막걸리 맛을 보았으리라. 농사철이 되면 어지간한 집이면 막걸리를 담갔다. 또 명절 때나 길흉사 때도 빼놓지 않았다. 술이 늘 가까이 있으니 술맛을 알게 되는 것은 그리 어려운 일이 아니었다. 그 때문에 내가 술맛을 알게 된 것도 10대 후반쯤일 것으로 여겨진다. 여름철에 담그는 농주는 주로 보리쌀로 담근다. 쌀이 귀했기 때문이다. 쌀 술맛에 비교할 수는 없지만 텁텁하고 구수한 맛은 쌀 술에서는 찾을 수 없는 또 다른 맛이었다. 하지만 이 술만이라도 마음 놓고 먹을 수가 없었다. 세무서에서 밀조주 단속을 나오기 때문이었다. 만약 이 단속에 걸리면 현물 압수는 물론, 압수물에 비례하는 엄청난 벌금을 물게 된다. 이런 위험을 무릅쓰고서도 담그지 않을 수 없는 것은 값 비싼 양조장 술로는 농주를 댈 수가 없었기 때문이었다.

20대 초반 때였다. 7~8명이나 되는 우리 또래들이 술을 부담 없이 한 번 실컷 마실 궁리를 했다. 그 참에 술 재료를 준비해서 단속 위험이 덜한 한 또래의 외딴집에 숨겨 담가놓고는 익기가 무섭게 곤드레가 되도록 퍼 마셨다. 그랬는데 세무서원이 무슨 냄새라도 맡은 듯이 불숙 단속을 나왔다. 그 바람에 먹다 남은 술이 걸려버렸다. 확인서를 쓰라는 것이다. 그 꼴을 본 우리들은 그만 울화통이 치밀어서 사정없이 두들겨 패서 쫓아버렸다. 젊음의 패기 때문에 참으로 겁도 없이 공무집행 방해에다 폭행까지 저지른 것이다. 요즘 같으면 형사처벌을 면하기가 어려울 터이지만 그것으로 끝났다.

막걸리의 전성기는 보릿고개가 없어진 70년대 후반까지도 계속되었다. 남산동 좌우의 골목이며, 봉산동 일대의 게딱지 같은 초가

집들이 대부분 막걸리 집이었다. 한 말들이 나무통에 배달되어 온 막걸리는 술상과 함께 우그러진 양은 주전자에 담겨 술꾼들 앞에 나온다. 이 때 꾼들의 공동 파트너인 아가씨들도 한복을 곱게 차려 입고는 방실거리며 살랑살랑 들어온다. 술잔이 몇 순배 돌고 기분이 거나해지면 아가씨들을 꼬드겨 한 곡조씩 뽑게 한다. 술꾼들도 덩달아 함께 목청을 돋우며 술상 모서리가 터지도록 수저를 두들겨댄다. 그 흥에 젖어 지폐 한 장씩을 꺼내 아가씨들의 가슴에다 살며시 밀어 넣으면 손끝에 살짝 와 닿는 그 도톰한 볼륨의 짜릿한 기분…. 어느새 하늘은 돈짝만 해지고 흥취는 화류 춘풍이었으니 막걸리에 따를 명주가 어디 있었겠는가. 이러다 정신이 몽롱해지면 더러 봉을 쓰기도 하지만, 아가씨들의 생계비를 감당하기 위한 주모들의 한 방편이기도 했으리라. 요즘 이 광경을 떠올려보면 참으로 우스운 일이 아닐 수 없다. 막걸리에 기생을 붙였으니 개발에 대갈 꼴이 아니고 무엇이랴.

아가씨들과 어울렸던 그 시절의 술판은 비록 추억으로 남았지만, 향수가 가득 담긴 그 막걸리의 맛은 변함없이 살아남아 나 같은 막걸리 애호가들을 다시 끌어들인 것이다. 이 복고적인 막걸리의 유행은 그 본질의 우수성에서 비롯된 것이리라. 양조업자들의 용기 개량 등 품질향상의 노력이 뒤따른 것도 한 몫을 했겠지만, 영양 분석가들의 검증에서 유산균을 포함한 인체에 유익한 비타민들이 풍부하게 함유되어 있다는 사실을 밝혀 낸 것도 막걸리 붐에 한몫했을 것이다.

점심때의 반주로도 일품이지만, 친구들과 어울리거나 수담놀이를 끝낸 후에 조촐한 식당에 둘러앉아 한 잔씩을 들이켜는 그 맛, 그 구수하고 목이 탁 트이는 시원한 맛은 어느 술에도 비할 수 없는 명주가 아니랴! 내 오래도록 이 막걸리 맛에 빠지리라.

향촌동 거리

퇴임이라는 단어는 당사자가 어떤 의미로 받아들이건 간에 그 이전의 생활패턴을 완전히 바꾸어 놓는다. 친구들과 어울려 빛바랜 기억 속의 향촌동 거리를 자주 드나드는 것도 그 때문이다. 향촌동 거리는 대구역 남쪽의 중앙로와 함께 구 한국은행지점에 이르기까지 같은 방향으로 이어져 있는 서편 뒷골목이다. 이 거리는 경북도청이 경상감영 자리에 있을 때는 물론, 동대구역이 없었던, 대구역사 전용시절의 70년대 말까지도 역 앞의 중앙로 상가와 더불어 전성기를 구가했다.

때문에 이 거리는 서울의 무교동이나 부산의 남포동 뒷골목처럼 다양한 주점들이 들어붙어 있어 불야성을 이루는 술꾼들의 아지트였다. 그 시절, 우리들은 퇴근길에 어울려 심심찮게 찾는 곳이 이곳이기도 했다. 안주 한 접시에다 소주 몇 병으로 끝낼 수 있는 값싼 대폿집들이 많았기 때문이다. 그와는 달리 물고에 통발 놓듯 발동 걸린 취객이나 잘 나가는 꾼들을 몰아넣기 위한 한 수 높은 술집들도 그 사이에 몇 군데 끼어있었다. 위스키 주점이나 아가씨가 있는 룸살롱이 그곳이다. 마시다보면 흥에 겨워 부지불식간에 그 통발 안으로 빨려 들어가기도 한다. 그 때는 주머니를 털거나 그려놓고 나오는 수밖에 없다. 낭만이라는 엔도르핀이 젊음의 패기를 자극했기 때문이리라.

통금 무렵이 되어 쫓기듯이 나오면 중앙로에는 취객들이 장사진을 이룬다. 통금은 술꾼들의 얄미운 함정이다. 시중을 들던 아가씨들도 마찬가지다. 택시를 잡으려고 이쪽저쪽으로 우르르 쫓아다니는 꾼들의 꼬락서니가 가관이 아닐 수 없다. 마치 쇠 부스러기가 자석에 달라붙는 꼴이니 말이다. 같은 방향은 무조건 다섯 명씩 합승이지만 그것조차 허탕일 때도 있다. 야음을 가르며 울려퍼지는 통금 사이렌소리는 장송곡이다. 소란은 금방 진압되고 사방은 정적에 빠진다. 어쩔 수 없이 여관 신세를 지기도 하지만, 살쾡이처럼 샛길로 살금살금 숨어서 가기도 한다. 그러다가 단속경찰에 붙들리면 하룻밤 구류를 살고 즉결재판에 회부되어 벌금을 물어야 하는 것이 그 시절의 풍경이었다. 나도 물론 그 부류에 속했다.

무상한 세월은 이 거리의 옛 풍경을 낯설게 뒤바꿔 놓았다. 이 지역 영화관의 효시였던 대구극장도 빈터가 되어 주차장으로 바뀐 지 오래다. 귀금속과 양복점 등 고급상품 점들이 즐비했던 대구역 앞 중앙로의 양편 가게들은 대부분 헌옷 수입점으로 대체되었거나 휴점 상태며, 그 뒤의 향촌동(북편) 거리도 마찬가지다. 비록 조각천으로 기운 반보 같은 상가들이었지만 저마다 성시를 만끽했던 그 흔적들을 이제는 찾을 수가 없다. 마치 한편의 영화를 찍기 위해 적당히 꾸몄다가 버려진 세트장 같을 뿐이다. 세월의 무게 때문인가, 아니면 변화의 괴력에 밀려났기 때문인가? 야속한 적막만이

떼거리로 내려앉아 깊은 잠에 빠져있다.

하지만 그 절반 정도의 남쪽거리는 그 때의 술집이 아닌, 완전 다른 모습으로 흥청거리고 있다. 변화의 흐름에 적응했기 때문이리라. 오래 전에 경상감영 동편 쪽을 주상복합시설로 재개발하여 대보빌딩을 지은 것이 그 계기일 것이다. 이 건물에는 다양한 업종들이 들어서서 고객들을 흡수한다. 그 중에도 쌍쌍이 어울려 양춤을 추는 여러 곳의 성인택이 당연 압권이다. 이들은 모두가 건강・용돈・여가 등의 3박자가 어느 정도 갖추어진 50대 중반 이상들의 노년층들이다. 오로지 여생을 즐기기만 하면 되니 축복이 아니랴. 하루의 용돈은 많이 필요치 않다. 입장료 단돈 천원에다 칼국수 한 그릇 값이면 된다. 파전 한 접시에다 막걸리 한 통을 붙인다 하더라도 만여 원이면 족하다. 노인들의 주머니 사정을 참작한 업주들의 박리다매 전략이 적중한 셈이다.

이 때문에 성인택 맞은편의 술집이었던 옛 건물들도 한두 곳을 빼고는 모두가 칼국수 식당으로 변신하여 성업 중이다. 이곳 식당들은 음식값이 싸고 질이 좋다. 얼마 전 어느 중앙지 신문이 이곳 어느 식당의 칼국수와 비빔밥 값이 전국에서 제일 싸다고 보도하기도 했다. 그러니 자연히 소문이 퍼져 다른 고객들도 많이 찾아오게 되어 항상 넘쳐난다. 그 중에도 소문난 한 식당은 주야로 만원이다. 이 때문에 가끔은 자리를 얻어걸리지 못해 되돌아 나오기가 일쑤다.

우리가 찾는 곳도 주로 이 식당이다. 비집고 들어가 자리를 잡은 후 살펴보면 우리처럼 남자만 여럿이 둘러앉은 식탁은 잘 볼 수가 없다. 거의가 남녀쌍쌍 혼석이다. 참으로 좋은 세상이다. 이들은 차림새부터가 틀린다. 여자들은 특히 그렇다. 연령에 관계없이 치장을 하고 멋을 부린다. 춤 솜씨도 있어야겠지만 외양도 말끔해야 상대편에서 한곡 추자며 호감의 손을 내밀지 않겠는가. 이렇게 해서 리듬운동을 한판 신나게 벌리고 나면 배도 출출한데다 인연의 끈도 다잡아야 하니 총총히 연결되어있는 국수집을 찾게 되는 것이리라. 이들에 견주면 우리들은 말초적 신경이 죽어버린 멋없는 삶을 사는 것 같다. 이성과 맞잡고 그 로맨틱한 리듬운동도 한번 못한 채 술과 안주만 축내고 있으니 말이다.

어쨌든 향수 같은 향촌동거리가 절반은 적막에 빠졌지만, 다른 절반은 새 모습으로 변신하여 반세기 전의 나를 또 드나들게 만드니 감회가 반곡反曲이 아닐 수 없다.

재미의 마력

며칠 전, 어느 방송 매체의 시사 뉴스에서 본 일이다. 30대 중반의 한 남자가 백화점에서 물건을 훔치다가 걸렸다. 경찰이 조사과정에서 그에게 왜 훔쳤느냐고 다그치자 재미로 훔쳤다는 것이다. 참으로 뜻밖의 대답이었다. '아니 무슨 도둑질을 재미로 하다니' 싶었다. 하지만 도심도 단순히 궁핍을 면하고자 함에서 비롯되는 것이 아님을 다시 확인하는 계기가 되었다.

언젠가 신경정신과 전문의가 TV에 출연하여 하던 말이 기억에 떠올랐다. 인간이 주위 환경의 변화나 어떤 심신의 자극에 의하여 심리적 변화가 일어나게 되면 평소에는 자아, 또는 초자아 적 상태에 있던 사람도 비이성적인 원초적 자아(흥미 또는 쾌락) 상태에 빠지게 되는 경우가 있다고 했다. 특히 여성들이 생리 기간 때 이런 현상이 많이 일어난다는 것이다. 그러고 보니 백화점에서 여성 좀도둑 사건이 흔히 일어나는 것도 이 쾌감, 즉 훔치는 재미에 빠져 저지르게 되는 모양이다.

솔직히 말해서 인간의 삶 속에서 이 재미라는 심리적 상태가 존재하지 않는다면 인간의 삶이 무의미할 것이다. 흔히들 말하기를 "무슨 재미로 사느냐"고 하지 않는가. 까닭에 인간에게 있어서 이 재미라는 형이상학적인 실체가 존재하지 않는다면 지구가 생겨 있다고 해도 인간이라는 물체는 존재할 수 없었을 것이다. 재미라는 것은 단순히 감성을 자극하는 쾌락만을 의미하는 것이 아니다. 취미나 흥미도 재미에 대한 동기 유발의 충분한 원천이 될 것이다. 더 넓게 본다면 인간의 삶에 대한 도전을 비롯한 일상 그 자체가 재미와 연결되어 있다고 해도 틀리지 않을 것이다.

그러기에 창녀도, 거지도 그 생활에 최소한의 재미를 느끼고 있다고 보아야 할 것이다. 그렇지 않다면 그곳을 탈출하고 말 것이다. 말하자면 당장에는 비록 대안이 없어 그럴지라도, 미래라는 희망을 가슴 속에 묻어두고 살아가는 재미를 품고 있다는 증거일 것이다. 그러므로 재미를 잃었다는 것은 삶에 모든 의욕을 잃었다는 것을 의미함이다. 이것은 곧 재미라는 마력의 구심력에서 이탈했다는 뜻이다. 다만 마지막으로 딱 하나의 재미(?)가 남아 있다면 스스로가 택하여 가는 극단의 길뿐이니 고독사라는 것이 그것이다.

이 재미라는 존재는 엄청난 마력이 있다. 하지만 이것은 인간의 영고성쇠를 좌우하는 야누스 같은 두 얼굴을 가지고 있다. 때문에 줄을 잘 서면 영화와 안존이 보장되지만, 잘못 서면 패가망신하고 만다. 전자 쪽에 줄을 서는 사람들은 이성적인 사고를 가진 사람들로서, 우선 재미를 낚기 위한 도전과 인내라는 미끼를 던져놓고 느긋이 기다린다. 그러면서 기다리는 재미를 덤으로 얻는다. 얼른 생각하기에 고통의 결실인 소원을 일구어야 재미지, 일구려는 그 자체가 무슨 재미냐고 할지 모르겠다. 절대 그렇지 않다. 낚시꾼들이 다

래끼에 고기를 채우는 재미보다는 낚시하는 재미가 앞서듯이 모든 성공하는 사람들은 그 목표에 도착하는 과정에 빠져 있거나 미쳐 있다. 오히려 그 목표는 덤으로 얻는 셈이다. 오늘날 우리들이 누리고 있는 물질의 풍요와 모든 문화의 이기들도 이성적인 사람들의 재미의 마력이라는 과정을 거쳐 일구어낸 산물이 아니고 무엇이랴.

반면에 후자 쪽에 줄을 선 사람들은 감성적이고 쾌락적인 사고를 가진 자들로서 패가망신의 길을 택한 사람들이다. 이들은 대개가 일확천금의 목표를 설정하거나 우물에서 숭늉을 찾는 것과 같은 허황된 꿈을 꾸는 무리들이다. 그러니 성공의 과실을 따기란 하늘의 별 따기나 다름없다. 그렇지만 그곳까지의 노정은 손을 대지 않고도 코를 풀 수 있을 정도로 수월하고 재미는 그야말로 깨가 쏟아진다고 봐야 할 것이다. 이들은 우선 세상을 일궈 낸 이성적인 사람들과는 달리 유혹(쾌락)에 아주 취약하다. 거기다가 그 재미의 마력은 블랙홀처럼 흡수력이 엄청 강하니 빨려들기란 누워서 떡 먹기다.

그 대표적인 것을 꼽으라면 빠징코라는 마술 같은 노름일 것이다. 이 노름은 국가가 허락해준 기업들이다. 본래의 취지는 부호들의 주머니를 털어 부의 재분배를 한다는 명분이었지만, 졸부들이 이에 질세라 그 재미의 마력에 빨려 들어가 알거지 군상으로 전락하는 경우가 허다하다. 정선 광산촌에 가보면 실감이 날 것이다. 향정신성 의약품을 비롯한 온갖 마약들도 마찬가지다. 전 세계의 모든 국가들이 이 재미의 매체인 마약을 뿌리뽑고자 갖은 수단을 동원하고 있다. 도박도 마찬가지로, 그 기승은 교묘한 방법으로 더욱 진화하고 있다.

원인은 과거의 실태나 후진국들의 상황과는 달리 물질의 풍요와 무관치 않을 것이다. 한 때는 이성적인 사고로 가치적 목표에 도달

하는 재미로 살았던 사람들도 여가의 허전함이라든가, '인간이라는 존재가 도대체 무엇인가'라는 사유에 이르게 되다보면 감성적인 사고에 빠지기가 쉽다. 때문에 쾌락의 수요가 팽창하는 원인이 되기도 할 것 같다.

누구든지 재미의 마력에 빠져야 한다. 다만 그 재미가 쾌락이라는 마력의 블랙홀로 빨려 들어가는 낭패를 당해서는 안 된다. 이성적인 재미로써, 자신과 가정을 지키는 재미에 빠지는 것이 최우선의 재미일 것이며, 나아가서 국가·사회를 위한 재미에 빠질 수 있다면 금상첨화일 것이다.

어느 결혼식에서

어느 일요일이었다. 한 지인의 부탁으로 그의 장남 혼사의 주례를 서게 되었다.

예식 시간이 임박하여 주례 대기석에 앉아 있는데 안내양이 다가오더니 주례사를 짧게 해 달라고 양해를 구했다. 예식이 12시 40분부터 시작토록 짜여 있었기에 나는 내심 예식일의 사정(일요일) 때문으로 여기며 순순히 응낙했다.

주례석에 임석하니 곧 바로 해군 복장 비슷한 모습을 한 젊은이 여덟 명이 모조 칼을 들고 나타나 신랑 신부 진입로 입구의 양쪽에 도열해 마주 서는 것이다. 현역 군인들의 결혼식 때 가끔 등장하기도 하는 소위 예도(銳刀)단인 셈이었다. 뜻밖의 일이었다. 내가 오늘 메모하여 소개하려는 신랑의 약력은 군인이 아닌 어느 대기업의 사원이기 때문이다. 하여서 어리둥절한 마음을 지울 수가 없었다.

이윽고 신랑이 입장하였다. 그들은 마주 선 단원끼리 서로 한조가 되어 번쩍이는 칼을 뽑아 걸쳐 들고는 그 아래로 신랑을 통과시키며 무어라고 외쳐댔다. 그 소리가 하도 우렁차서 신랑을 축하하려는 것이 아니라, 오히려 주눅들게 하려는 것 같았다. 뒤따라 혼주의 팔에 매달려 입장하는 신부는 무슨 영문인지 알 수 없는 웃음을 이빨이 훤히 들어나도록 싱글벙글거리며 웃고 있었다. 신부는 신랑의 팔에 끌려 단상의 주례석 앞에 서서도 여전히 입이 밤송이 벌어지듯 했다. 나는 신부가 얼마나 좋기에 저러는가 싶기도 했지만, 그 모습이 조금은 민망스러워 하객들에게 "신부가 웃음을 참지 못하는 것을 보니 너무 행복에 겨운 것 같습니다."라고 조크를 했다.

성혼선언문 낭독에 이어 주례사를 할 즈음에도 신부는 이해할 수 없는 행동거지를 계속 했다. 주례사는 듣는 둥 마는 둥 하면서 히죽히죽 웃는가 싶더니 얼굴을 신랑 쪽으로 돌려 무어라고 속삭이는 것이다. 가끔은 나에게도 같은 모습으로 빤히 쳐다보기도 했다. 참으로 어처구니없는 일이 아닐 수 없었다. 신부가 넉살이 좋아서 그러는지, 아니면 나의 주례사가 시원치 않아 비웃고 있는지 알 수 없는 일이었다. 대체로 주례 앞에 서있는 신랑 신부가 긴장되기도 하여 주례사 같은 것이 귀에 잘 들어오지는 않겠지만, 소중하고 숭고한 순간이므로 정숙하고 경건한 자세만은 잃지 아니하는데 이 신부는 완전 딴판이었다. 다행인 것은 신랑이 과묵하여 이런 신부의 행동에 아무 반응을 하지 않는다는 것이었다.

주례사는 채 5분도 안되어 끝을 냈다. 결혼식의 주례가 아닌 장난식의 주례 같은 꼴이 되고 보니 예식장 측의 요구가 차라리 잘 되었다는 생각이 들기도 했다. 곧 이어 신랑 신부 행진을 하려는데 예도단이 다시 그 자리에 도열해서는 입장할 때와는 또 다른 갖가지 낯뜨거운 추태를 연출했다. 각조마다 통과 예를 시키는데 키스를 몇 번씩이나 시키는 것은 그렇다손 치고, 신랑을 엎드려뻗쳐 시켜놓고는 팔 굽혀 펴기를 반복시킨 후에 신부를 등 위에 걸터앉히고는 말놀이를 시키는가하면, 다른 한 조는 신랑의 성기 부분에 칼끝을 갖다 대면서 만약 바람을 피우면 이것을 잘라버리겠다고 식장이 터져나가도록 소리를 지르는 것이 아닌가.

시간이 촉박하다기에 주례사까지 단축해 주었더니 이 짓을 하고 있으니 실로 가관이 아닐 수 없었다. 예식장 측의 요구도 생각날 뿐더러 더 이상의 추태를 멈추게 할 요량으로 "예식장의 사정도 있고 하니 이벤트는 이제 그 정도로 마쳐주기 바란다."고 했더니 주례사 단축 부탁을 했던 그 안내원 아가씨가 쪼르르 다가와서 "이벤트 시간은 계산 된 시간에 원래 포함되어 있으니 염려하지마시라"는 것이 아닌가. 또 한 번 조롱당하는 기분이었다. 그들의 놀이에 완전히 바보가 된 것이다. 나의 요구는 들은 척도 않으면서 저들의 스케줄대로 근 10분 동안 갖은 추태를 다 연출한 후에야 퇴장했다. 나는 그 시간 동안 닭 쫓던 개 지붕 쳐다보듯이 주례대에 하릴없이 멍하니 서서 그냥 바라보고만 있을 수밖에 없었다. 결혼식이 아니라 코미디 같은 장난식이었다.

이런 무자비하고 몰염치한 결혼식에 참석해 본 경험이 없는 것은 아니다. 검정 고무신에다 술을 부어 신랑에게 마시게 한다든가, 신부가 신랑의 넥타이를 잡아끌게 하는 것 등이 그것이다. 어떤 이는 주례부탁이 들어오면 먼저 이런 고약한 장난을 치지 않는다는 확약을 받은 후에 승낙을 한다고 했다. 하지만 여태껏 내가 주례를 서준 결혼식에서는 아직 그런 일이 없었기에 별 신경을 쓰지 않았던 터였다. 이튿날 신랑의 혼주가 인사차 전화를 했다. 궁금하던 차에 예도단의 경위를 물어보았더니 해군 부사관으로 근무하는 신부의 오빠가 데려온 동료들이라고 했다. 신부의 넉살스러운 행동과 신랑의 굴욕적 대우에 대한 연유가 이와 관련되어 있는지는 모를 일이다. 아무튼 그들이 벌인 저질 이벤트는 신성한 가약佳約의 빛을 바래게 했다.

개아들의 엄마

어느 유기 견 보호소에서 있었던 일이다. 중년의 모녀가 잃어버린 애완용 개를 이곳에 와서 찾았다. 개를 알아본 개 주인 여자는

"아이고 깽깽이가 맞구나! 너 그 동안 어디 있었지?"

모녀는 잃어버렸던 개를 찾은 감격에 겨워 서로 얼싸안고 눈물까지 찔끔거린다. 그러더니 개집 앞에 다가가 개를 쓰다듬으면서 간절한 인사를 던진다.

"아들아! 아들아!! 엄마 왔다."

그래보지만, 개는 눈만 멀뚱거리며 전혀 무반응이다.

"애가 왜 이러지? 엄마를 몰라보네,"

주인여자는 안달이 나서 개를 끄집어내어 끌어안고는 개 콧잔등에 얼굴을 비벼대며 안절부절 못하는 것이다.

"아들아! 엄마를 잊어버린 거야? 이를 어쩌지, 애가 오래되어서 이렇게 된 것 같네."

그 찰나 개가 주인의 심정을 알아차린 듯이 꼬리를 살랑거리더니

눈을 맞추며 주둥이로 여자의 입언저리와 얼굴을 핥아대는 것이다. 그는 너무 감격해서

"아들아, 엄마를 이제 알아보겠니? 응 응?"

그러고는 또 엉엉거리며 우는 것이다.

참으로 우스꽝스러운 일이 아닐 수 없었다. 진짜 아들이 집 나갔다가 돌아와도 저보다 더 감격해 하랴 싶었다. 애완동물을 기르는 사람들이 그 짐승에게 자신을 '엄마'니 '아빠'니 하는 말은 많이 들어왔지만 그 짐승을 보고 '아들아' '딸아'라고 부르는 것은 처음 보았다. 아무리 개가 사랑스럽지만 개새끼를 보고 '아들'이니 '딸'이니 '엄마'니 '아빠'니 하는 것은 애교로 봐 줄 정도를 넘어 선 망언이라고 생각된다. 삼단논법적으로 따진다면 개 엄마도 개일 뿐이며, 개 엄마가 낳은 자식들도 모조리 개새끼들이 되고 만다. 시정의 욕 중에 가장 쉬운 욕이 '개새끼'이거나 '개자식'이니 이런 망언이 또 어디 있으랴.

서양문화에서나 있었던 애완동물 놀이가 우리 문화에 전파된 지는 그리 오래되지 않았다. 그 원인은 의식주 형편의 향상 때문이리라. 이로 인해 여가의 증가, 가족의 소수화, 정서의 빈곤, 심성의 방황, 취미의 다양화 등 전에 없던 여러 현상들이 발생하게 된 것이다. 이런 현상들을 타개하려다보니 애완동물이 그 해결 수단으로 각광을 받게 된 듯하다. 이 애완동물은 그 종류도 다양하다. 그렇다보니 심지어 돼지새끼를 거실에서 키우면서 끌어안고 자는가하면, 혐오스럽기 짝이 없는 뱀까지 목에 걸고 다니니 보통사람들로서는 기겁을 할 지경이다.

애완동물 중에도 가장 종류가 많은 것이 개일 것이다. 모르기는 해도 아마 백여 종은 되지 않을까 싶다. 크기가 쥐새끼만 한 가냘픈

놈을 비롯해서 호랑이처럼 우람한 놈도 있으며 그 생김새도 귀여운 놈, 험상궂은 놈 등 온통 각양각색이다. 이제 애완견은 단순히 대리고 노는 차원을 넘어 고락을 함께 하는 반려동물로 자리매김했다. 이것은 애완견이 인간과 같은 반열에 올랐다는 뜻이다. 하기는 요놈들의 처신이 어눌한 자식보다 나을 지경이니 반려자의 반열에 올라도 싸다. 인간의 감정을 수용하며 교감하고, 애정에는 얄미울 정도로 반응하여 인간의 혼을 빼 버리니 말이다.

우리 문화 속의 개는 주인에게 순종하는 가축으로서, 어린아이의 배설물을 핥아 먹으며 배도 채우고 청소도 하는 역할을 겸했다. 따로 주는 개밥이라야 말이 밥이지 음식 찌꺼기가 고작일 뿐이다. 온전한 음식은 사람 먹기도 부족하니 개에게 돌아갈 턱이 없다. 그래도 편한 사람을 보고 개 팔자라고 했다. 하기야 뜰아래나 마당 가운데 드러누워 낮잠을 자다가 낯선 사람이 나타나면 짖어주거나 도둑을 쫓아내 주면 되니 중노동을 해야 하는 소보다는 훨씬 편하다. 그러다가 죽어서는 식도락가들의 구미를 돋우고, 삼복 때나 병후 환자의 보신탕이 되어주면 그놈들의 소임은 끝나는 것이다.

그런데 반려 개는 그와는 전혀 딴판이다. 부잣집 머슴이 울고 갈 지경이다. 씻어주고 닦아주며 똥오줌도 챙겨준다. 때로는 맛있는 먹이를 내 놓아도 심드렁해 한다. 고뿔이라도 걸리는 날이면 주인은 안달이 나서 금방 병원으로 데려가 극진히 치다꺼리를 한다. 심지어 요즘에는 성형까지 시킨다니 소가 들어도 웃을 일이 아니라, 개 자신들이 웃을 일이다. 그러다가 천명을 다하는 날이면 눈물을 찔끔거리며 장사까지 지내주니 이게 어찌 개 팔자인가, 사람 팔자 뺨칠 정도지. 이에 반려 개가 할 일은 간단하다. 가족들이 나갔다가 들어 올 때는 꼬리를 한껏 살랑거리며 맞아주고 다가가서는 품 앞에 감기며 얼굴을 핥아주거나 부지런히 아양을 떨면서 놀아주면 그만이다.

반려 개를 사랑하듯이 키워놓은 그 자식들의 부모가 어쩌다 자식 집을 찾으면 그들이 기르는 반려 개들보다도 못한 대우를 받는 것이 요즘의 현실이다. 그래서 참다못한 부모가 "3번(개)아 잘 있거라 4번(자신)은 간다."라는 말이 유행하기도 했다. 모두가 풍요가 가져다 준 산물이다. 비록 특정 동물들이 인간들의 공허를 채워주긴 하지만 그 동물들을 단순한 노리개나 기호품이 아닌 인간의 반려자 반열에까지 올려놓는다는 것은 깊이 새겨 볼 문제다. 만물의 영장인 인간이 인간과 더불어 반려의 길을 모색하고 즐기면서 감정을 담아내야 함에도 동물들에게 그것을 찾는다는 것은 부끄러운 일이다. 그로 인해 개 엄마가 생기고 개아들이 생기는 것이다.

마력의 연기煙氣

가끔씩 옥상 베란다에 올라가면 늘 몇 개씩의 담배꽁초가 떨어져 있는 것이 발견된다. 누가 이런 짓을 할까? 추측건대 베란다에서 대각선 방향으로 인접한 다세대 빌라의 어느 거주자 소행이라고 여겨졌다. 아니나 다를까, 우연한 기회에 그 정황을 목격했다. 빌라의 1층 창문 위로 안개 같은 연기가 피어오르는가 싶더니 금방 꽁초가 휙 날아와 베란다에 떨어진다. 범인(?)은 도둑 담배를 즐기는 처녀였다. 그는 학생 신분 같았다. 때문에 도둑고양이가 마치 자신의 배설물을 파묻듯이 가족들의 생활공간이 아닌 남의 집 베란다에다 그 흔적을 던져 감추려 했던 것이리라.

이 정도면 아직은 정숙하다고 해야 할까. 어느 가게 집 주인의 억하심정 실토가 잊히지 않는다. 고교 재학생이었던 딸이 처음에는 숨어서 피우다가 어느 날부턴가는 내 놓고 피워대더니 드디어 또래 남학생과 어울려 가출해 버렸다는 것이다. 그러면서 차라리 안 보니 속이 편하다고 했다. 이처럼 근년 들어 남녀를 불문한 청소년들의 흡연이 감당할 수 없을 만큼 번지고 있다. 남녀평등의 취지에서 볼 때 자연스러운 현상이라 하겠다. 인권이라는 대 명제 앞에 성별의 개념이 완전 파괴되고 보니 담배건 술이건 섹스건 구분을 한다면 오히려 성차별에 해당될 뿐이다.

정부는 흡연율을 줄여 국민들의 건강을 증진시킨다는 명분으로 담배 값을 배 가까이 올렸다. 또 흡연율을 낮추어 보고자 공공장소와 식당 등에 금연 조치를 취했지만, 시행한 지 몇 달이 지나니 줄었던 판매량이 다시 불어났다. 결국은 당초의 주장대로 서민들의 부담만 가중시킨 채 세수증대를 위한 꼼수에 그치고 만 셈이다. 흡연장소를 뺏긴 중앙로의 남녀 젊은이들은 골목에 어울려 어른들이 지나가도 눈도 깜작 않은 채 굴뚝처럼 피워 올리는 모습을 볼 수 있다. 그들이 한바탕 즐기고 간 자리에는 으레 꽁초가 자욱이 널브러져 있기도 하지만, 어느 시민도 그들의 행위를 제재하거나 간섭하지 아니하는 것이 오늘의 현실이기도 하다.

연하의 한 직장 동료가 얼마 전에 폐암으로 세상을 떠났다. 발병 사실을 알고난 지 겨우 한 달 남짓해서다. 그는 참으로 광신적인 애연가였다. 아마도 하루에 두 갑은 족히 태웠지 않을까 싶다. 니코틴을 방지한다면서 빨부리를 늘 사용했지만, 연기 속에 숨어 있는 니코틴이라는 악마를 그것으로 다 막아낸다는 것은 불가능했으리라. 비슷한 나이의 또 한 친구는 최근에 폐암 검사를 했더니 암은 없었지만 풍선작용을 하는 심폐주머니가 거의 망가졌다는 것이다. “이대로 가면 1년 못가서 끝장날 것”이라는 의사의 말에 정신이 화들짝 들어 독한 마음으로 끊긴 했지만, 금단현상으로 아침에 일어나면 호흡이 가쁘다고 했다.

인류는 얼마나 오랫동안 야누스의 얼굴인 이 담배연기의 마력을 마치 감미로운 기호품으로만 여기며 즐겼던가? 겨우 근세에 들어서야 그 폐단의 깊은 상처를 발견하고 이의 퇴치를 펼치고 있지만, 악화가 양화를 구축驅逐하듯 망아지처럼 철없이 뛰노는 남녀 청소년들이 점점 더 새로운 고객으로 빨려들고 있으니 어찌하랴. 이렇게 된 배경에는 자유방임적인 교육정책 때문에 학교가 손을 쓸 수 없는 것도 한 원인이겠지만, 우리의 사회현상이 전대미문의 개방적이고 향락적인 생활풍조에 젖다보니 구성원 스스로가 이에 대한 자제력과 선악에 대한 분별력이 따르지 못하기 때문에 비롯되었다고 여겨진다.

지구촌의 뭇 인간들로부터 보편적인 기호품으로 각광받았던 담배가 이제는 마약에 버금가는 유해물질로 낙인찍힌 지 오래다. 연기 속에 숨어서 일시적 쾌감을 발산하는 그 니코틴이라는 물질의 독성과 습관성이 말경에는 오장육부를 파괴하니 마약과 무엇이 다르랴. 그럼에도 젊은이들은 부나비처럼 담배에 엉겨 붙고, 중년 이상의 애연가들은 이 연기의 마력에 사로잡혀 일도에 삭둑 자르지 못하니 금연 정책이 무색할 뿐이다.

완장腕章 문화

시골에서 한 마을에 살았던 친족 형님이 별세하여 문상을 갔다. 빈소에 들어서니 상주들이 검은 양복에다 삼배 완장을 차고 있었다. 뜻밖이었다. 고인은 한 가문의 대가 댁 주손이며 문화재로 지정된 고택의 주인이기도 하다. 뿐더러 한 문중의 종장宗匠으로서 지역사회 전통문화의 수호와 창달 자 위치에 있는 명망가였다.

다른 상가에서도 이 같은 차림의 상복을 많이 본 바는 있지만, 그에 견준다는 것은 어딘가 아쉬운 마음이 들었다. 고인의 처지가 다르기 때문이다. 그러기에 삼베 두건에다 흰 두루마기만이라도 착용하는 전통 형식을 따를 것이라고 생각했던 터이다. 그랬던 터인데 남녀 상주들이 다 같이 변형된 국적 없는 상복을 입고 있으니 너무나 뜻밖의 일이 아닐 수 없었다. 고인의 위상을 빌미로 자손들의 처신을 속박하는 것은 옳지 못하지만 그 서운한 마음만은 금방 가눌 수가 없었다. 못마땅한 기분으로 접빈 상에 앉아 빈소를 응시하고 있는데, 마침 고인의 종제가 다가왔다.

"형님, 저기 완장에 두 줄은 무엇이고 한 줄은 무엇이지요?"

낮 모임에서 마신 몇 잔의 술기운이 그만 목구멍으로 차올라 헛소리를 시부렁거리고 말았다. 초상이 끝난 지 얼마 후였다. 그로부터 따끔한 질책의 전화가 왔다.

"자네가 왜 그런 말을 했지? 젊은 복인服人들이 그날 자네 하는 소리를 듣고 '저 사람이 누구냐'며 몹시 못마땅하게 여기더라."고 하는 것이다.

그 말을 곱씹어 보니 이해가 갔다. 고향을 떠나 풀씨처럼 흩어져 제멋대로 살다보니 노소간의 면식이 몽롱할뿐더러 설령 그렇지 않다 해도 세태의 시류에 익숙한 그들이 구태에 젖어 시대의 낙오자 된 나 같은 사람의 욕심을 어찌 이해했겠는가. 어쨌거나 나의 소통이 부적절했음은 잘못이었다.

완장이라는 이방異邦의 문화가 마치 과객이 주인을 밀어내고 아랫목을 차지하듯, 상례 복제 자리까지 잠식한 것은 편리함만을 좇는 현대인들의 사고 때문이기도 하다. 우리 상례에 이렇게 느닷없이 다가온 완장이 과거에는 어떠한 존재였나? 그 강열한 기억은 6·25동란이 끝날 즈음이다. 온 마을이 방위군으로 덮여있을 때였다. 굶주리고 헐벗어 측은하기 이를 데 없는 병사들을 팔에 누르스름한 완장을 두른 한 병사가 작대기로 후려치던 모습이 내 뇌리에 아직도 각인되어 있다. 영화에서는 완장을 찬 일본 군인들이 우리 민족을 잔인하게 핍박하던 모습을 본 기억도 생생하다. 재학 시절에는 검은 줄이 새겨진 완장을 찬 주번교사나 혹은 규율부 학생들은 그 직위나 학년에 따라 한 줄에서 세 줄까지 만들어 둘렀다. 군대도 이와 별반 다르지가 않았다.

이처럼 완장이라는 장식품은 예제禮制와 관련이 있는 표지標識가 아니라 어떤 조직에서 인간의 행동을 규제, 감독하거나 권위 또는 지위를 표시하는 도구 역할을 했을 뿐이다. 그랬던 것이 장례 문화를 주도하는 장의예식장이 병원마다 들어서면서 상례복의 반열에 올려놓기에 이르렀다. 그들은 우리 상례 문화의 상징성만이라도 보존하고자 완장을 택했는지는 몰라도 실상은 꿩 대신 닭에도 못 미치는 면피용에 불과하며, 닭 잡아먹고 오리발 내미는 뚱딴지같은 노릇과 다를 바가 없다. 그러니 차라리 평상시의 복장 그대로 상주 노릇하는 것이 낫지 않을까 싶기도 하다. 하지만 이에 아랑곳하지 않고 완장은 이제 연륜을 앞질러 우리의 상례 복제로 굳건히 자리매김 했음이 확실하니 누가 말리랴.

기왕에 이렇게 된 것을 왈가왈부한다는 것은 부질없는 짓이겠지만, 검은 줄만이라도 없앤 맨 완장이면 좀 어떨까 싶기도 하다. 줄을 넣은 취지야 복차服次를 구분하기 위함이겠지만, 어차피 한두 줄의 테로는 다단한 복차를 다 구분할 수도 없거니와, 더구나 애도를 나누는 정의情誼적 가례 행사에 권위와 규율의 의미가 담긴 검은 테로 장식하는 것은 가당치 않기 때문이다. 굳이 완장 테에 준하는 두 세 단계의 복차만이라도 구분하고 싶다면 완장의 천에다 주름을 몇 개로 구분하여 넣는다든가, 완장 폭의 넓이를 구분하여 제작하는 것도 한 방법일 것이다.

이방의 문화가 이 땅에 들어와 뿌리 내린 것들을 어찌 다 헤아릴 수 있으랴만, 요강으로 쓰던 도구가 밥그릇으로 둔갑하는 일은 없었으면 한다.

영서迎暑와 영한迎寒의 시대

여름철이 시작되기가 무섭게 매스컴에서는 으레 피서철이라고 호들갑을 떤다. 하지만 이 말은 따지고 보면 더위가 두려워 피하던 가난한 시절의 고달픈 단어일 뿐이다. 그 시절과는 감히 비교할 수 없는 풍요에 젖어 여름을 즐기는 요즘 세대들에게는 맞지 않는 단어다.

사전에 보면 봄·가을을 맞이하는 단어(영춘迎春과 영추迎秋)는 있는데, 여름을 맞이하는 단어(영하迎夏, 또는 영서迎暑)라든가, 겨울을 맞이하는 단어(영동迎冬, 또는 영한迎寒)는 실려 있지 않다. 그 반면에 오히려 피서避暑 또는 피한避寒이라는 단어는 나온다. 이로 미루어 볼 때 우리 조상들은 봄·가을은 좋아했지만, 덥고 추움(서한暑寒)의 고통이 따르는 여름과 겨울은 매우 싫어했던 것 같다.

그러나 아무리 그렇다손 치더라도 자연의 섭리에 의하여 도래하는 계절의 순환을 거역할 수 없음에도 살기 좋은 봄·가을만 맞이하고, 더위와 추위는 아예 맞이할 생각을 버린 채(봄가을과 달리 여름·

겨울은 맞이한다는 단어가 없음을 볼 때) 피할 궁리만 했을까? 여름이 비록 무덥기는 하나 가을의 결실을 위한 오곡백과를 길러내고, 겨울이 비록 춥기는 하나 묵은 것을 반추하며 새로운 봄을 맞이할 준비를 하는 계절임을 상기할 때 그 소중함이 결코 봄·가을에 뒤지지 않을 것으로 생각되니 말이다.

하기야 우리 조상들의 당시의 경제적 문화적 여건을 고려할 때 에누리 없이 고스란히 감내해야 할 그 더위나 추위에 얼마나 취약했으면 그랬겠는가를 이해하고도 남음이 있다. 상위 일부 계층들이야 여름이면 날아갈 듯한 모시옷에다 시원한 죽부인과 죽선竹扇도 지녔으며, 겨울이면 두툼한 솜이불에다 바지저고리가 있었지만, 가난에 찌든 서민들은 그렇지가 못했다. 여름에는 농사일로 땀에 젖은 지친 몸에 빈대 벼룩 모기떼와 싸워야하며, 겨울에는 부족한 땔감에다 홑옷으로 한기를 견디며, 덮고 잘 이불마저 군색했으니 서한의 계절을 뭐 그리 맞이하고 싶었겠는가.

그래서 우리 조상들은 그것을 피하고 싶어 어쩔 수 없이 피서니 피한이니 하는 욕구가 발로되었겠지만, 그것을 인위적으로 충족시키기란 매우 제한적이었다고 할 수밖에 없을 것 같다.

그랬었던 우리가 언제부턴가 궁핍과 고통을 털어내고, 그 짧은 기간에 지구촌이 칭송하는 경제성장을 이룩해 놓았으니 실로 격세지감이 아닐 수 없다. 이로 말미암아 이제는 피서나 피한은 어려울 것도 없다. 이를 위한 갖가지 가전제품 기구들이 넘쳐나니 여름 더위는 집에서나 계곡에서 피해도 되고, 겨울 추위는 난방시설과 두꺼운 옷으로 다 해결된다.

이로 미루어 볼 때 피서와 피한은 시대에 맞지 않는 틀린 말이 확실하다. 봄·가을을 맞이하듯迎春·迎秋이 오히려 영서迎暑:여름맞이,

영한迎寒:겨울맞이으로 고쳐야 옳을 것이다. 더 나아가서는 봄·가을에 맛볼 수 없는 다른 즐거움을 이 계절에 즐기고 있으니 낙서樂暑: 더위를 즐김, 낙한樂寒: 추위를 즐김이라고 해야 될 것 같다. 더위의 열기가 채 무르익기가 무섭게 피서지를 찾는 인파들이 넘쳐난다. 이 때 산과 계곡을 찾는 사람들은 피서 쪽에 무게가 더 실릴지 몰라도, 바다나 인공 수영장으로 모여드는 인파들은 단순히 피서를 할 목적으로만 찾는 것이 아닐 것이다.

각종 레저시설에서 놀이를 즐기며 청춘을 발산하는 나신들의 모습을 어찌 단순히 더위를 피하기 위한 행위라고만 할 수 있겠는가. 이들은 한껏 여름을 만끽하며 즐기고 있는 것이다. 그러니 따지고 보면 영서지를 찾아가 낙서에 도취되어 있을 뿐이다. 겨울철도 마찬가지다. 평창의 동계 올림픽이 그것을 잘 대변해준다. 전국의 스키장에 아이 어른 할 것 없이 모여드는 인파를 보라, 추위에는 아랑곳없이 눈밭을 누비며 스키와 설매 타기에 여념이 없으니 이 역시 영한지를 찾아가 낙한에 도취되는 것이 아니고 무엇이겠는가.

그러니 지금은 옛날처럼 더위와 추위가 두렵다거나 피하지 못하여 고통을 겪었던 시대와는 달리 그것을 즐기기 위하여 맞이하고픈 영서迎暑와 영한迎寒의 시대에 살고 있는 것이다.

밑천 우려먹기

우리의 대중 음식들 중에는 재료를 우려내서 만드는 음식이 더러 있다. 그 대표적인 음식을 든다면 곰탕이나 설렁탕을 끓이는 국물일 것이다. 이 재료는 주로 소 뼈다귀가 아닐까 싶다. 뼈다귀는 단단한 것이 생명이니 오래 고아 짙게 우려내야 제 맛을 낼 수 있다. 하지만 아무리 단단한 것일지라도 정도가 지나치도록 우려내면 그 국물은 밑천(영양가)이 다 빠져버려 본래의 음식 맛을 낼 수 없을 것이다.

우려먹는 것은 비단非但 음식뿐만 아니다. 그 예를 든다면 조상 우려먹기(표현이 적절치 못하지만)라는 것도 그 범주에 속한다. 조선시대의 문집이나 비석(묘갈)문 또는 행장을 보면 한결같이 현조顯祖를 빠짐없이 기록해 놓은 것을 볼 수 있다. 시조를 비롯한 상계上繼는 말할 것도 없고, 근세의 현조도 샅샅이 기록해 놓았다. 이런 기록물들의 본래 목적은 조상의 업적을 후손에게 알려 가문의 긍지를 심어주기 위함이겠지만, 그 내면에는 신분 과시용의 뜻도 다분히 숨어있다.

여기(비석)에 새겨져 있는 현조가 많으면 많을수록 대접받는 문벌가의 자손이 되는 것이다. 그 시절에는 벼슬을 하려해도, 노비를 거느리려고 해도 이 신분이 절대 필요했다. 그러니 그들 자손으로서야 대대로 필요할 때마다 조상의 업적을 내밀 수밖에. 그러다 보니 결과적으로 우려먹는 꼴이 되었지만, 부의 세습과 함께 신분의 세습이 그 시대의 뿌리 깊은 사회상이 아닐 수 없었다.

밑천이란 단순한 지위나 재화뿐만 아니라, 인간이 필요로 하는 모든 지적 경제적 가치를 총칭하는 것이다. 물론 이 능력을 배양하기까지에는 친권자를 위시한 부양자의 역할이 절대 필요하다. 개천에서 용 난다는 속담이 있기는 하지만 그것은 기적을 의미하는 것이나 다름없다. 그러니 부양자의 후원을 지팡이로 삼아 자신의 부단한 노력이 용해되어 얻어낸 결과가 삶의 밑천으로 승화될 뿐이다.

밑천의 종류를 거론한다면 물적 밑천과 지적 밑천으로 구분할 수 있을 것이다. 아마도 성공의 권좌에 오른 사람일수록 이 두 가지를 함께 조화롭게 활용한 사람이 아닐까 싶다. 어쨌든 이 밑천이란 것을 지키며 계속 우려먹기란 쉽지 않다. 다른 경쟁자들이 늘 그 자리를 노리며 더 새롭고 우수한 밑천 거리들을 쏟아내기 때문이다. 만약 그것에 둔감하여 곰탕의 뼈다귀 우려먹듯 재탕 삼탕 우려먹기만 한다거나, 허황된 꿈에 사로잡힌다면 행복의 파랑새가 철새인 것을 모르는 것과 다를 바가 없다. 여기에 굴복 당하지 않으려면 쌀독이 차 있을 때 식량을 준비하듯이 비상한 지혜와 끊임없는 대응력 외에 달리 도리가 없다. 그것만이 오직 자아실현의 유일한 길이기 때문이다.

나의 밑천이란 참으로 하잘 것이 없었다. 물적 성공이란 아예 꿈도 꿀 수 없는 월급쟁이였기 때문이다. 다만 세상 사람들이 회자하는 철밥통이 나의 직업이었으니 곁눈만 팔지 않는다면 철밥통을 뺏길 염려가 없으니 목구멍에 거미줄 칠 걱정은 안 해도 되었다. 생계를 위한 우려먹기에 옹색함은 필연이었지만, 한 번 투자한 밑천은 시장성에는 둔감하므로 능동적인 창의력에 매달려야 하는 기업가와는 달리 성실성에만 치중하면 안전하게 우려먹을 수 있는 것이다. 이 점에 있어서는 다른 직장인들도 마찬가지였을 것이다.

또한 퇴직 당시에는 현직 때 불입한 밑천(퇴직금)을 연금으로 전환하여 죽는 날까지 우려먹도록 해 두었다. 그 수준이야 비록 부유층에 비한다면 목구멍의 풀칠 정도에 지나지 않지만; 가뭄에도 끊이지 않고 가녀리게 솟아나는 옹달샘과 다를 바 없다. 그러니 몇 번 우려먹으면 끝나버리는 소 뼈다귀와는 근본적으로 다르다. 자위가 아닐 수 없다.

작품을 쓰면서도 밑천이 넉넉해야 우려먹기를 오래 할 수 있다. 그중에는 고향을 비롯한 추억 우려먹기를 빼놓을 수 없을 것 같다. 아마도 이것은 수필깨나 쓴 사람이라면 다른 밑천이 어지간히 든든한 작가라도 그냥 포기할 수 없는 매력적인 우려먹을 거리일 것이다. 그에 못지않은 진정한 밑천은 작가로서의 경륜을 닦아 자질과 능력을 기르는 것이 가장 현명한 방법이리라. 그러다 보니 나의 목구멍 밑천은 안존할 정도는 되지만, 작가로서의 밑천은 거덜나버린 것 같다. 배워가며 능력을 길러 새로이 우려먹을 대안을 짜낼 수밖에 없다. 하지만 나에게는 그런 지혜가 부족하니 그것이 용이할지는 미지수이다.

어떤 짐승들의 종말

내 집에서 중앙로 쪽으로 걸어서 오갈 때면 어떤 때는 일부러 시장 안의 식食재료 가게들이 빽빽이 들어 선 통로를 택할 때도 있다. 이 가게들은 백화점의 진열장에 있는 식재료에 뒤지지 않을 만큼의 다양한 종류들이 갖추어져 있다. 다만 그 보관 상태와 진열 방법이 백화점만 못하여 오만 잡동사니 냄새들이 한데 엉키어서 뿜어져 나오는 것이 흠이다. 조금은 역겹기도 하지만 내 어릴 적의 시장 통로에서 느끼던 후각이 연상되어 향수 심을 불러일으킬 때도 있다. 발길이 끌리는 것도 이 때문인지 모르겠다.

이와는 달리 시각을 난처하게 하는 것들도 있다. 다름 아닌 식용 개들의 판매 모습이 그것이다. 이것들은 육신이 부위별 토막으로 해체되어 통로 가운데 이곳저곳의 판매대 위에 쭉 널브러져 있다. 고양이보다 조금 커 보이는 애완용 개도 가끔씩은 끼어있는데, 이놈들을 불에 그을린 후 배를 갈라 통째로 얹어두었다. 그야말로 통구이다. 그러니 더욱 역겹고 앙증맞기 이를 데 없다. 그런가하면 바로 곁의 창살 안에는 아직 살아서 갇혀있는 놈들이 검붉게 까놓은 동료들의 시신을 지켜보며 종말의 순서를 처량하게 기다리고 있다.

종말을 거쳐 진열되어 있는 생육들은 보신탕 요식업자나 일반인들이 통째로 혹은 취향에 따라 부위별로 구입해 가는 모양이다. 판매대가 어울려 있는 통로 옆의 식당들에는 이 분해물을 즐기려는 미식가들이 사철 붐빈다. 나는 이 대열에 끼지는 못하지만, 삼복중에는 이런 모습이 더욱 절정을 이룬다. 이로 미루어 볼 때 아마도 이 시장의 어느 후미진 곳에서 개들의 육신이 해체되는가 싶다. 이런 모습은 다른 재래시장이나 백화점에서는 볼 수 없는 진풍경으로써, 이 시장의 특징이며 전통이기도 한 것 같다.

나는 이 길을 지날 때마다 이 특이한 모습을 유심히 바라본다. 창살 안에 갇힌 채 코앞의 판매대에 얹혀있는 동료들의 해체된 육신을 바라보는 놈들의 심정은 어떨까? 연전에 어느 TV에서 본 일이다. 그는 오토바이 뒤의 창살 통에다 개를 가두어 싣고 다니며 납품하는 행상인이었다. 그가 시험 삼아 여느 사람 차림으로 낯선 마을의 잡종 개를 기르는 집에 들어서니 그 개가 금방 이 사람의 신분을 알아차리고는 꼬리를 낮춘 채 끙끙거리며 마루 밑으로 숨어버리는 것이다. 개들은 종류를 불문하고 이처럼 민감한 후각과 예지豫知를 가지고 있는 모양이다. 그래서 옛 사람들이 견공이라는 의인擬人 칭호를 부여했으리라.

그러니 이곳까지 끌려온 놈들이고 보면 이미 모든 것을 다 알아차렸기에 삶에 대한 미련을 서슴없이 버렸을 것 같다. 이놈들은 망아지만 한 덩치에다 멧돼지처럼 사납고 사자같이 억세 보인다. 눈여겨 살펴보아도 옛날 시골에서 키우던 온순한 똥개 모습은 어디에도 볼 수 없다. 색깔은 대체로 누르거나 검은 편이며, 귀는 모두가 늑대처럼 쫑긋하고, 더러는 주둥이가 소 천엽처럼 너덜너덜한 불도그인가 뭔가 하는 놈들도 끼어있다. 이로 미루어 볼 때 모두가 사육업자가 키운 속성 개량종인 것 같다.

이놈들의 험상궂은 모습을 볼 때 평소에는 꼴값깨나 했겠지만 이곳에서는 넋 빠진 놈 같거나 아니면 순한 양으로 변해 있다. 그 까닭이야 뻔하다. 제 아무리 위풍당당한 놈일지언정 동료들의 처절한 시신을 보는 순간 저들도 속수무책으로 생명을 뺏기는 것 외에 달리 묘방이 없다는 것을 알기 때문이다. 그러니 가위가 눌리지 않고 어찌 감히 배기겠는가.

하지만 죽어서는 그렇게 비굴하지가 않다. 나무둥치처럼 잘라 껍질을 벗겨 진열해 놓은 놈들의 검붉은 대가리가 그것을 입증한다. 왕방울 같은 두 눈은 마치 살아 두리번거리듯 살기가 등등하고, 떡 벌린 주둥이의 험상궂은 이빨은 금방이라도 잔인한 인간들을 물어뜯을 것만 같아 섬뜩하기 이를 데 없다. 이놈들은 생사여탈권을 쥔 인간으로 태어나지 못한 것이 못내 억울하여 죽어서나마 인간들에게 이런 모습으로라도 저주하며 성토하는 것이리라. 아무튼 놈들의 처참하고 처량한 모습이 한없이 측은할 뿐이다.

※ 수필 동아리 월례회 때 이 작품을 의무로 발표했다가 원로회원들로부터 크게 책망을 들은 바가 있다. "아니 아무리 그렇지만 이런 것을 어찌 작품 소재로 삼았습니까?"였다.
이 말에 토를 달지는 않았지만, 이해할 수가 없었다. 잔인한 소재라고 해서 수필의 소재가 될 수 없다는 것은 심약한 자의 너스레거나, 문학인의 자존심 때문인지도 모를 일이다.

3

문학에 대하여

언어의 몸살

어떤 주부가 식육점에 가서 "돼지고기 계십니까?"라고 했다는 우스갯소리가 떠오른다. 그런데 이것이 단순히 우스개로만 넘길 일이 아닌 것 같다. 요즘의 젊은 직업인, 특히 여성 서비스업의 종사자들로부터 너무 많이 듣게 되는 언어 중의 하나다. 예를 들어보자. "이 제품은 ○○○원이십니다.", "화장실은 저기세요", "그 우편물 오늘 도착하십니다.", "TV가 잘 안 나오신다고요?", "그 옷 품은 크십니다."라는 등 어떤 사물에다 존칭을 붙이는 경우가 그것이다.

병원에서 흔히 듣는 말도 마찬가지다. "주사 맞을게요." "진료대에 누우실게요." 이것은 말이 안 되는 희한한 표현이다. 또 존칭을 쓸 경우라도 불특정 다수인이나 삼인칭인 경우에는 존칭이 생략되는 것이 일반적인 어법이라고 알고 있다. 그럼에도 존칭 투성이의 어법을 쓰는 경우를 숱하게 보게 된다. 특히 TV에 출연하는 요리강사 모두가 한결같이 이런 어법을 쓴다. "고기를 다지셔서 양염을 섞으신 후 냄비에 넣으시고, 조금 끓이신 후 채소를 넣으시고, 다시 조금 끓이셔서 드시면 됩니다."라는 식이니 말이다.

엉터리 말은 이것뿐이 아니다. 젊은 층들이 SNS에서 주고받는 언어들은 우리들이 들어서는 도무지 무슨 말인지 알아볼 수가 없는 경우가 비일비재하다. 모범생을 '범생이'라는 식의 저들끼리만 통하는 암호 언어가 범람하는 것도 문제지만, 우리 언어의 근저를 형성하고 있는 한문을 배우지 않아 본 단어의 뜻과 표기는 물론 이에서 파생되는 언어의 응용력이 전혀 없기 때문이다. 거기다가 독서를 제대로 하지 않아 낱말을 이해하지 못하는 데서 비롯되는 현상이라고 할 수밖에 없다. '남아일언 중천금'이 '마마잃은 중천공'으로 둔갑하는가 하면, '수박 겉핥기'가 '수박 겁탈기'로 둔갑해 버리니 이보다 더한 코미디가 어디 있으랴. '이래라 저래라 하지 말아'가 '일해라 절해라 하지 마라'로, '오빠 빨리 나으세요(병).'가 '오빠 빨리 낳으세요(아이).'로, '삼가 고인의 명복을 빕니다.'가 '삶과 고인의 명복을 빕니다.'로 둔갑해 버리니 이 일을 어쩌면 좋을까?

우리 경상도 사람들이 '쌀'을 '살'로 발음한다고 타 시도 사람들이 조소를 더러 한다. 경상도 사람들의 닿소리 발음을 감안해 볼 때 된 발음을 못해서가 아니라 토속어로 굳어졌기 때문일 것 같다. 이와는 달리 김영삼 전 대통령의 '학실이'와 '갱상도' 같은 발음은 구개의 퇴화에서 비롯된 현상이라고 여겨진다. 일본인들이 한국어나 영어 발음을 제대로 못하는 것과 같은 이치일 것 같다. 구개 퇴화 현상은 한글 창제 이래 계속된 것이 아닌가 싶다. 한글의 네 자를 없앤 것이나, 북한에서는 쓰고 있는 두문의 'ㄹ' 발음을 해방 후에 없앤 것도 발음기관(구개)의 장애를 받으면서 발성해야 하는 닿소리의 어려움을 피하려는 습관을 한글학회가 받아들여 문법화 했기 때문이라고 생각된다.

닿소리 발음(받침)은 수도권의 후예들이 경상도 토종보다 오히려 못할 것 같다. 예를 들면 ㅊ, ㅌ은 꼬시(꽃이), 햇벼시(햇볕이)라는 ㅅ으로, ㅍ은 무릅으로(무릎으로)라는 ㅂ으로 발음하고 있다. 이것 역시 경상도의 살(쌀) 발음과 다를 바 없는 사투리라면 사투리다. 이런 발음은 일반인들뿐만 아니라, 아나운서를 포함한 방송인들에게도 흔히 들을 수 있는 현상이다. 영어에서도 마찬가지로 T자로 끝나는 단어가 모두 ㅌ이 아닌 ㅅ발음을 내고 있는데, 이 역시 된 닿소리가 불편해서 그렇게 된 것이 아닐까 싶다.

또 하나의 큰 문제는 호칭과 지칭이 혼동되거나 엉터리로 퇴화하게 된 것이다. 시류의 변화로 인해 장인 장모를 친부모처럼 호칭하는 경우도 있기는 하지만, 언론에 종종 등장하는 외 조카(종생질)란 누구를 지칭하는 말인지조차 몰랐다. 이것은 계촌도 안 맞는 순 사투리다. 뿐만 아니다. 손위의 계촌은 당숙이 한계가 되었고, 손아래의 호칭은 친인척에 관계없이 전부 조카(질녀 · 생질 · 이질 · 처질 등)로 뭉쳐서 끝내버리는 풍조가 되고 말았다. 이의 올바른 사용법은 모두 우리말 사전에 등재되어 있지만, 학교 교육의 부실 때문에 이렇게 된 것이라고 생각된다. 이야말로 천민문화로의 퇴보라고 아니할 수 없다.

우리말을 정확히 발성하지 못해서 야기되는 일이야 어쩌겠는가. 하지만 이와는 달리 우리 국민이면서 우리말을 제대로 쓰지 못하거나 일부러 망가뜨려 쓰는 경우가 너무 많으니 그것이 문제다. 뿐더러 우리말의 좋은 단어를 제쳐두고서 외국어 단어를 쓰는 경우도 마찬가지다. 국가와 기업의 세계화를 위해서는 어쩔 수 없는 일이기도 하지만, 일반 시민들이 상용하는 쉽고 평범한 언어조차 외래어에 점점 침식당하고 있으니 세종대왕이 서러워하실 지경이다. 언어 사

대주의에 빠졌거나 주체사상의 결여에서 비롯되었다면 참으로 서글픈 일이 아닐 수 없다.

이래저래 오만 수모를 당하고 있는 우리 언어가 지금 심한 몸살을 앓고 있어 안타깝다.

문학에 대하여

문학이란 무엇인가, 그것은 인간들이 터득한 다양한 정보를 비롯하여 사상과 감정을 언어로 표현한 예술의 한 분야라고 하겠다. 또한 문학은 작가가 혜안의 시각으로 관조하여 창조한 희열과 고뇌와 넋두리의 산물이기도 하다. 만약 인간에게 있어서 문학이 존재하지 않았다면 영혼은 그만큼 허전했으리라. 이 어찌 문학의 위대함이 아니겠는가.

독자의 입장에서 본다면 문학은 인간의 환희이며 사회적 공기이다. 때로는 어두운 자의 등불이며 한줄기 빛이다. 배고픈 자의 성찬이며 목마른 자의 샘물이다. 가슴 메마른 자의 꿈이기도 하며 외로운 자의 벗이기도 하다. 그리하여 문학은 맑디맑게 흐르는 한줄기 강물이며, 여름날 능선을 휘감아 도는 시원한 바람이며 가을날 아스라이 높고 파란 하늘자락이 아니랴.

문학은 선에서 출발한다. 동서양을 막론하고 마찬가지다. 근세 러시아의 문호 톨스토이는 『사람은 무엇으로 사는가?』라는 그의 저서에서 봉사와 청교도적 삶이 기본이라는 것을 밝혔고, 독일의 철학자 칸트는 윤리학을 기본으로 삼았다. 그는 도덕률을 준수하는 것이 인간에게 주어진 절대적 의무라고 했으며, 이것을 행하려고 하는 의지가 곧 선(善)이라고 했다. 때문에 문학인은 이 무대 안에서 노니는 것이 기본이라고 해야겠다.

문학이 사회를 묘사하고 인생을 그리고 있는 이상, 그것이 사회적 산물인 것은 말할 나위도 없다. 문학은 사회로부터 영향을 받으며 또한 사회에 영향을 준다. 작가 자신이 사회의 일원이며 독자도 또한 같은 사회에 속해 있다. 작가는 그가 생활하는 시대와 사회를 표현할 것을 암암리에 독자들에게 요구받고 있으며 그 요구에 응하는 것이 작가의 사명이기도 하다. 그렇기 때문에 문학작품은 어느 시대든지 그 사회의 모습을 나타내는 역사적 문헌이 될 수도 있다.

이러한 언어와 문자를 활용한 문학예술의 활동이 그 목적에 부응하기 위하여서는 작가들의 끊임없는 각고의 노력이 필요할 것이다. 여기에는 작가의 혼과 도덕이 함께 숨 쉬어야 함은 물론이다. 그래서 현실을 용해하여 이상을 제공하는 작품을 창작한다면 그 작가는 독자들의 감흥을 불러일으키기에 충분하다. 그 대상에는 장르마다 꽃과 별을 노래하는 서정적인 것에서부터 사물을 관조하고 사색하거나, 그것을 성찰하여 독백하고 고발하는 서사적인 것들이 모두 포함될 것이다.

한국 근대의 원로 수필가였던 피천득은 수필 문학을 청자연적(硯滴)에 비유했다. 그런 그는 대표작인 <인연>에서 아사코 라는 일본 소녀와의 인연을 특별한 수식어도 없이 아주 담담하게 사실적으로 그려놓았다. 그럼에도 이 수필은 작가의 감정이 독자들의 가슴에 잔잔히 닿아와 물결치게 하는 서사문의 으뜸 반열에 올랐다. 그것은 그의 작품 속에서 묘사력에 앞서 한 작가의 순박한 혼이 살아 있기 때문이라고 생각된다.

나 역시 단 한 편의 수필일지언정 그런 글을 쓰고 싶다. 비록 서사문이 아닐지라도 좋다. 졸작이나마 늘 그런 정신으로 임하고 싶다. 만약 그렇지 않다면 독자는 연기자의 연기만 감상할 뿐, 그 연기의 저변에 숨어있어야 할 연극의 참 의미나 본질의 곳간이 비어있어 독자의 가슴이 허전하게 될 수밖에 없기 때문이다. 하지만 나의 작품에 대한 대중성을 감안한다면 그 경지까지 이르기에는 너무나 먼 거리에 있다고 독백할 수밖에 없다.

나의 수필은 서정적인 것보다는 서사적인 것과 현실 참여적 작품이 많으며, 일반 작가들이 잘 접근하지 않는 시대 비판적인 작품도 빼 놓지 않고 있다. 이런 시대 비판적인 문학은 현대의 문학인들에게도 없는 것은 아니지만, 암울했던 일제 강점기의 유명 시인들에게서 많이 볼 수 있다. 이런 소재는 감성적인 서정문에 비해 비록 향기는 뒤지지만 식초나 소금같이 자극적이라서 서걱거림이 있다.

이런 것들이 굳이 나의 문학관이라면 문학관이다. 그러니 무슨 뚜렷한 문학관이라고 할 것까지도 못된다. 하지만 변변치는 못하더라도 문학의 기본 정신에 어긋나지 않는 작품을 써야 된다고 생각하며 창작에 임했을 뿐이니 만용은 부리지 않았다고 해도 될 것 같다. 한 사람의 독자라도 나의 작품을 마주하여 조금이라도 공감했다면 나는 그것으로 족하다.

현대사회는 디지털 사회다. 그 결과 생활패턴이 급속히 변하면서 출판 문학은 그 빛을 잃어가고 있다. 이에 따라 문학인들의 설자리도 함께 좁아졌다. 서점의 간판들은 낙조처럼 떨어져 사라지고 책을 들던 젊은이들의 손에는 스마트폰이 쥐어져 있다. 그러니 작가들이 펴내는 각종 문학서적들은 문인들끼리만 손바꿈이하는 세태가 되었을 뿐이라고 해도 틀리지 않을 것 같다. 이로 인해 청소년들의 인성은 거칠어져가고 있으며, 사회는 향락 추구와 이기주의에 점점 매몰되고 있는 것 같아 안타깝다.

요새要塞지대의 봄맞이

봄 사령관은 제주도를 쉽사리 점령하고 나서 한반도 남쪽으로 상륙하여 단숨에 반도 남단을 평정시켰다. 그리고는 그 여세를 몰아 대구 분지의 시가지와 들판을 무혈로 점령하여 진지를 구축한 지 열흘이 지났다. 북상 길을 가로막고 있는 팔공산의 동장군과 한 판 대결을 위한 전력과 전술의 비축을 위해서이다. 동장군은 봄 사령관의 이런 전략과 위세를 미리 알아차리고는 일찌감치 후퇴하여 영남지방 중심부의 마지막 요새要塞인 팔공산 정상에다 진지를 구축해 놓고 결전의 준비를 하고 있다.

봄 사령관은 이러한 동장군의 작전을 와해시킬 궁리 끝에 아지랑이 미소 조를 결성하여 팔공산의 동장군 진지 쪽으로 출동시켰다. 동장군의 마음을 회유시켜 무혈로 정복하기 위한 전략인 것이다. 그러나 동장군은 지난 늦겨울에 전사한 눈 시체들의 모습이 가슴 아파 아지랑이 조들의 미소를 냉정히 뿌리치며 내쫓고 있다. 봄 사령관이 지난번에 동장군의 요새에다 특공대를 기습 투하했기 때문에 벌어진 일이다. 그렇지만 아지랑이 조들의 미소는 끈질겼다. 하루도 빠짐없이 아침나절부터 산 중턱까지 올라와 동장군의 몸과 마음을 흔들어 놓고는 오후가 되어서야 내려가니 동장군으로서도 하루하루가 다르게 맥이 빠지고 있다.

봄 사령관은 동장군의 마음이 흔들리고 있음을 간파하고는 비록 무혈점령은 어려울지 모르지만, 공격만 하면 승리는 문제없을 것 같은 자신감이 생겼다. 그래서 어느 날, 구름 한 점 없고 바람마저도 고요한 아침나절을 디데이로 잡아 전 병사들을 동원하여 진격을 개시하기에 이르렀다.

병사들에게 승리로 이끌기 위한 사기 진작과 아울러 동장군의 지배 하에서 추위와 배고픔으로 고통 받고 있는 삼라만상들을 한시바삐 구해내어 다시 생명의 날개를 펄럭이게 해야 할 의무가 있다는 사명감의 훈시도 잊지 않았다. 봄 사령관은 그러면서 후백제 견훤도 이곳에서 고려 왕건의 군사를 공격하여 무너뜨렸고, 임란 때는 조선 병사들이 가산 산성에서 진을 치고 있었지만, 원통하게도 왜적 무리들의 선제공격에 무너졌으며, 가깝게는 6·25동란의 다부동 전투에서 열세의 국군이 그 완강하던 괴뢰군을 공격하여 무너뜨렸던 역사적 실증이 있듯이 팔공산은 공격하는 자가 반드시 승리한다고 역설했다.

봄 사령관의 훈시가 끝나자 병사들은 일제히 동서로 위용 당당히 솟아있는 팔공산을 향하여 북쪽으로 거침없이 진군을 개시했다. 공격은 아지랑이 미소 조들의 덕택으로 산 중턱까지는 아무런 저항을 받지 않았다. 조금 더 올라가도 마찬가지였다. 동장군이 기진맥진하였는지 아무 반응이 없었다. 아마도 봄 사령관이 팔공산 뒤쪽으로 투입한 용감한 척후병들로부터 보급로를 차단당했을지도 모를 일이다.

봄 사령관은 1,192m 정상을 정복하는 것은 시간문제라고 생각했다. 만약에 출몰할지 모를 동장군 병사들의 위세를 꺾기 위하여 강력한 햇볕 화살을 쏘아대며 공격의 고삐를 늦추지 않은 채 계속 진격을 감행했다. 그 때였다. 갑자기 산 능선에서부터 계곡 쪽으로 일진광풍이 불어치는가 싶더니 동장군은 어느 틈에 검은 구름을 산 계곡까지 덮어씌우고는 눈보라 창을 휘두르며 사정없이 반격을 개시하는 것이 아닌가. 봄 사령관은 동장군의 기습 공격에 꼼짝없이 당했다. 전방에 배치된 많은 미소 조 병사들을 잃고는 하는 수 없이 철수하여 진지로 돌아왔다.

봄 사령관이 되돌아와서 척후병들로부터 입수한 정보를 분석했다. 그 결과 시베리아로부터 내려오는 동장군의 보급로는 척후병들의 작전에 의해 완전히 차단된 것으로 판단되었다. 다만 오늘 있었던 동장군의 공격은 사방에 흩어져 있던 패잔병들을 모아서 산발적으로 공격하는 패주 직전의 일시적 발악인 것으로 분석되었다.

이에 자신감을 얻은 봄 사령관은 매일 아침부터 오후 늦게까지 공격을 거듭하였다. 동장군 패잔병들의 항거가 심하면 산 아래까지 후퇴했다가는 다시 진격하는 일진일퇴를 거듭한 지 며칠 만에 드디어 정상을 정복하였다. 동장군은 시간이 흐를수록 점점 더 기세가 강해지는 봄 사령관의 병사들을 도저히 감당할 수 없어 진지를 버리고 도망가고 만 것이다. 더러는 능선이나 계곡에 은신해 있기도 하나 그들의 힘으로는 대세에 영향을 미친다는 것은 불가능한 일이다. 지리멸렬한 동장군 무리들은 지금쯤은 소백산이나 설악산 중턱에서 움츠리고 있겠지만, 그곳에서조차 머지않아 퇴각당하고 말 것이다.

산 능선과 기슭에서 가슴 조이며 떨고 있던 나목들은 그제야 저들의 세상이 왔음을 알아차린 모양이다. 모두들 다소곳이 일어서서 기지개를 펴는가 싶더니 어느새 눈망울을 말똥거리며 팔을 벌려 개선장군을 맞이하고 있다. 진달래는 벌써 진분홍 옷으로 곱게 갈아입고 함박웃음을 짓고 있으며, 개나리도 서둘러 노란색 자태를 촘촘히 뿜어내고 있다.

팔공산에서의 일전은 봄 사령관의 승리로 끝났지만, 달구벌 분지에서 전력을 가다듬어 이곳을 점령하기까지는 근 보름이 소요되었다. 팔공산이 그만큼 요새가 튼튼하기 때문이다. 그러나 이제 봄 사령관이 정상을 탈환한 이상 병사들로 하여금 응달진 계곡까지도 샅샅이 뒤지어 동장군의 패잔병들을 완전히 섬멸할 것이다. 그리고는 얼음 녹아내리는 계곡 물에 화신을 띄워 보내 벌 나비 산새들을 불러 모아놓고 군무의 축제를 벌일 것이다.

비 오는 날의 추억

한 쌍의 젊은 연인이 장대같이 쏟아지는 빗줄기를 우산 하나에 의지하여 빌딩 사이의 인도를 거침없이 뚫고 나아간다. 허리를 감싼 채 서로 엉킨 상태지만, 가로수를 뒤흔드는 세찬 바람이 이미 그들의 양 어깨와 하반신을 적실대로 적셔놓았다. 그러나 빗줄기와 바람쯤은 아랑곳하지 않는 느낌이다. 아니 오히려 비바람이 그치기라도 할까봐 우려할지도 모를 일이다. 비는 한갓 대자연의 현상이다. 폭우나 한발이 가져오는 인간들의 경제적 이해득실은 헤아려 보기는 했지만, 오늘처럼 비의 존재를 낭만적으로 관조해보기는 처음인 것 같다.

빗줄기보다 더 강렬한 그들의 행진이 의미심장한 느낌마저 든다. 그들은 아마도 사랑의 세레나데를 연주하는 꿈길 속을 걸으며, 그들의 행로에서 맞을 수도 있는 삶의 폭풍우에 대한 반면교사反面教師의 계기를 체험하기에 여념이 없을지도 모를 일이다. 나도 그들처럼 물에 흠뻑 젖은 채 홀로 그들의 뒤를 따라 터벅터벅 걸어간다. 그러면서 그들의 뒷모습을 음미하니 문득 내 젊은 시절, 비 내리던 날의 추억이 떠오른다. '나도 저런 젊은 날의 초상이 있었던가?'

그러나 그 추억의 소재는 형편없는 것들뿐이다. 우산이 없어 비에 젖은 후줄근한 어깨를 추스르며 현실이란 운명에 매달려 텅 빈 가슴만으로 맥없이 걸었던 기억은 숱하지만, 저 젊은 연인처럼 함께 꿈을 꾸며 비에 젖어 걸어 본 경험은 없다. 물론 맑은 날도 마찬가지다. "하늘을 봐야 별을 따지, 데이트가 가당키나 한 말인가". 그 시절은 지금과는 비교할 수 없는 궁핍과 혼란으로 점철되었던 시간 속을 통과했기 때문이기도 했지만, 그에 못지않게 나를 속박하는 가정환경 또한 그런 호사스럽고 낭만 섞인 추억을 허락할 수 있는 여건이 아니었다.

그러니 굳이 들춘다면 그들의 데이트와는 전혀 무관하지만, 여름날 오후의 더위를 식혀주던 세찬 소나기 세례일 것이다. 그것은 미래의 삶에 대한 정신적 곤박困迫을 감내하는 에너지가 되기도 했으리라. 바람 한 점 없는 삼복더위일지언정 또래들은 오후만 되면 가뭄에 배배 틀린 뒷동산 자락으로 으레 소를 몰고 올라가야 했다. 아무데나 고삐를 풀어놓고는 두어 그루 두레소나무 그늘 밑에 모여 앉아 작열하는 무더위를 소꿉놀이로 잊을 뿐이었다. 하지만 때로는 갑자기 서쪽 창천을 뒤덮은 검은 구름이 굉음과 함께 천지를 갈라놓을 듯한 불칼을 내리치면서 놋날 같은 소나기를 쏟아 붓는 자연의 조화, 메말랐던 계곡은 어느새 물길을 열어주며 덩실거린다. 참으로 장엄한 생명의 젖줄이 아닐 수 있으랴. 이럴 때면 우리들은 으레 알몸으로 고스란히 소나기를 덮어쓰고는 환호하며 빗줄기를 타고 하늘에라도 오르고 싶은 충동을 느끼기도 했다. 이 어찌 낭만의 순간이 아니랴.

6 · 25 사변이 일어나던 해였다. 인민군의 영천 시가지 입성을 막기 위해 치열한 전투를 벌이고 있을 무렵, 물 마른 웅덩이에 올챙이 신세가 된 피란민들은 그칠 줄 모르는 장대비를 뚫고 우리가 사는 남쪽으로 남부여대하여 끝없이 밀려 내려오고 있었다. 그 경황없는 때에 하필 젖먹이였던 내 아우가 토사병에 걸려 생명이 경각에 이르렀다. 아무리 전쟁통이지만 꺼져가는 생명을 어찌 그냥 버릴 수 있으랴. 어머니는 기적이라는 단어를 가슴에 새기며, 나를 배행삼아 피란민들의 반대 방향으로 틈을 헤치며 병원이 있는 북쪽으로 걸음을 재촉했다.

비를 피하는 유일한 도구는 삿갓이었다. 어머니가 쓴 그 삿갓 한쪽 끝의 빗물이 등에 업힌 아이의 포도색깔 같은 입술과 백짓장같이 창백한 얼굴에 생명의 끈을 잘라버릴 듯이 점점이 떨어져 내렸다. 좁은 삿갓이 원망스러웠다. 병원 문 앞에 가기 전에 생을 마감할 것만 같았다. 아이가 너무나 가련했다. 그 비가 참으로 원망스럽고 악령 같은 추억이 아닐 수 없다. 아이는 기적이라는 이름으로 살아났지만,

5 · 16 혁명이 나던 해인 운전교육 부대의 군 생활 때였다. 그 날 역시 초가을 비가 제법 세차게 내리고 있었다. 교육의 마지막 코스인 노상 교육의 일환으로 훈련병이 직접 핸들을 잡고 훈련장으로 가던 길이었다. 선두 차량을 따라 높은 목재 가교假橋를 통과하던 중 돌연 한 대의 차량이 아래로 떨어지고 말았다. 조교를 포함한 8명의 병사가 전원 그 자리에서 사망하는 엄청난 사고를 당한 것이다. 좁고 미끄러운 노면에다 훈련병의 서툰 운전 솜씨가 빚어낸 참사였다. 순식간에 고귀한 많은 젊은 생명들을 잃어버린 병영은 아수라장이 되었다. 연락을 받고 달려온 유가족들의 울부짖음이 온 사방

으로 애처롭게 퍼져나갔다. 참으로 목불인견이었다. 비는 유가족들의 슬픈 눈물이 되어 합동 장례식이 끝나는 날까지 계속되었다.

나의 비오는 날의 추억은 이처럼 하잘것없는 낭만과 아픈 상처가 함께 섞여있다. 비는 창조주의 배려이며 자구상의 만물을 지배하는 생사의 젖줄이다. 때문에 인간들은 그 종속적 존재로서의 불가피한 운명에 얽매여 추억이라는 영혼의 세포가 자라게 된다. 이 날 그 젊은 연인들이 폭우 속에 엉키어 걸었던 데이트 역시 훗날 나로서는 전혀 가져보지 못했던, 낭만이 넘치는 추억으로 간직될 것이리라.

낙화를 보며

피어있는 꽃이 아름답지 아니한 것이 어디 있으랴! 타오를 것 같이 정열적인 붉는 장미는 물론, 설경처럼 화사한 벚꽃이며 소복 차림의 청아한 백합 같은 꽃들이야 말해서 무엇 하랴. 개울 가 둔덕에 아무렇게나 피어있는 이름 모를 청초한 들꽃마저도 계절을 알리는 전령사가 되어 우리들의 시선과 발걸음을 붙들기도 한다. 하지만 화무십일홍花無十日紅이라고 하지 않았던가. 아무리 아름다운 꽃일지라도 어느 순간 대자연의 진리 앞에 낙화라는 이름으로 무릎을 꿇고 만다.

꽃송이들이 연달아 피기는 하지만 한 송이로 떼어놓고 본다면 10일은 고사하고 아침에 피었다가 저녁에 시들어지는 꽃도 허다하다. 아름답기로 소문난 양귀비꽃이 그렇고 못 낫기로 소문난 호박꽃도 그렇다. 오래 가기로는 화무십일홍을 비웃기라도 하듯이 꽃 이름 그대로 백일홍 또는 한해살이 백일화가 단연 으뜸으로 몇 달을 피어 있기도 하다. 그런가하면 꽃들의 지는 모습도 각양각색이다. 고운 동백꽃이나 능소꽃, 그리고 볼품없는 감꽃 같은 꽃들은 무엇이 그리 급한지 시들기도 전에 통째로 속속 빠져버린다. 너무나 허무하다. 꽃을 피워내기까지 깃들인 꽃대의 수고로움이 안쓰럽다. 그와는 반대로 백일화는 그렇게 오랜 자태를 뽐내고도 무슨 미련이 더 남았는지 꽃대에 매달린 채 말라버리니 낙화라는 게 없는 셈이다. 하지만 대다수 꽃들은 그렇지가 않다. 장미는 물론, 진달래 철쭉 같은 다엽 꽃들은 그냥 꽃대에 붙어서 시들어지는가 싶을 때 비로소 떨어진다.

이처럼 지는 꽃은 그 형태가 어떻든 간에 한결같이 무상할 뿐이다. 그 때문인지 고금의 시인 묵객들이 피는 꽃만 노래했을 뿐, 지는 꽃을 두고는 고작 아쉬움만 남기는 데 그쳤다. 아무리 그렇지만 한때는 보는 이의 마음을 사로잡았기에 그 꽃잎들이 낙엽처럼 뚝뚝 떨어져 내려앉으면 감성이 목석처럼 무딘 사람일지라도 어찌 마음이 조금은 울적하지 아니하랴. 하지만 읊기가 청승맞아 피했는지도 모를 일이다. 다만 시인 김영랑은 그것을 뛰어 넘었다. '모란이 피기까지'라는 시로써 모란꽃의 지는 모습을 서럽도록 아쉬워했으니 말이다.

전략 ……

오월의 어느 날, 그 하루 무덥던 날,/ 떨어져 누운 꽃잎마저 시들어버리고는/ 천지에 모란은 자취도 없어지고

뻗쳐오르던 내 보람 서운케 무너졌으니/ 모란이 지고 나면 그뿐, 내 한해는 다 가고 말아/삼백예순날 하냥 섭섭해 우옵니다

…… 후략

김영랑 시인은 이토록 모란에 심취했다. 그는 다른 꽃에서는 찾을 수 없는 독특한 매력이 이 꽃에 숨어 있기 때문에 유혹되었을지도 모를 일이다. 모란꽃은 부용화芙蓉花라는 별칭을 가진 연꽃을 닮기도 했으니, 꽃 이파리가 우람하여 화왕花王다운 위풍스러움과 장부다운 기질이 있다. 하지만 대접처럼 훤칠하게 벌어졌던 붉디붉은 그 꽃잎들은 봄 차사差使의 심술에 쫓기어 어느 새 자색으로 변해버리고 만다. 그러면 만유인력의 법칙은 어김없이 한 이파리씩 땅으로 끌어내린다. 차분히 내려앉는 모습이 애처롭고 쓸쓸하다. 덩치 때문에 흩날리는 법도 없다. 꽃대를 뽑아내어 개화하기까지는 무려 두 달 가까이 걸리지만, 그 절정은 겨우 3~4일에 불과하다. 풍모에 비해 인내력이 부족한 것이 이 꽃의 아쉬운 특징이다.

지는 꽃의 아름다움을 꼽으라면 벚꽃이 단연 으뜸이다. 이 도시의 여러 곳에서도 그 장관을 볼 수 있다. 이 꽃이 우리나라의 토착종이라는 사실이 알려지면서 공원수나 가로수로도 많이 보급되었기 때문이다. 개나리나 산수유 꽃을 시샘이라도 하듯이 꽃샘추위쯤은 아랑곳없다. 나보라는 듯 메마른 가지에 부리나케 싹을 틔워 가지가 부러질 것처럼 함박 눈송이를 자아내니 말이다. 봄이 미처 열리기도 전에 이처럼 화신化身의 꽃 무대를 차려놓으니 초춘객의 넋을 빼버리고도 남음이 있다.

그러다가는 봄볕이 몇 발작 더 가까이 온다 싶으면 어느새 꽃송이들은 눈보라로 변하여 바람에 흩날린다. 춘설이 분분한지 낙화가 분분한지 알 수도 없고, 꽃잎인지 눈보라인지조차도 알 수가 없다. 하지만 땅 위에 내려앉아서도 녹지를 아니하니 정녕 낙화렷다. 얕은 햇살이 재촉이라도 하는지 꽃잎들은 일렁이는 바람 따라 저마다 다

투어 떼거리를 지어서 뽀얗게 날린다. 장관이다. 피어서 아름답더니 지는 모습조차도 또 한 번 아름답다. 어느 꽃이 이처럼 두 번 아름다우랴!

'낙화유수'라는 말이 있다. 이 말은 '꽃이 떨어져 강물로 흐른다.'는 이물일체異物一體를 뜻함이리라. 이 꽃이 아니고서야 어느 꽃잎이 감히 강물을 뒤덮듯이 흐를 수 있겠는가. 이는 곧 세월 흐름의 덧없음을 말함이니 우리네 인생의 끝자락이 어찌 낙화유수가 아닐런가. 꽃이 떨어짐도 그렇고 물의 흘러감도 그렇지만, 떨어진 꽃잎이 강물에 실려 함께 흘러감은 더 더욱 그렇다. 되돌려놓을 수 없이 가버린 지난 시간들의 야속함과 함께 인생의 무상함을 노래한 것이리라.

내가 만약 낙화의 주체가 된다면 어떤 모습일까? 흩날리는 벚꽃이었으면 좋으련만, 내 삶의 모습이 그와는 너무나 먼 거리에 있어 실현성이 전혀 없다. 그럴 바에야 소쩍새도 애타게 울다가 지친 후에야 피어 서릿발을 맞고서야 비로소 시들어버리는 국화꽃 모습이면 좋겠다. 눈앞에 망구望九가 다가왔기에 망상이 든 때문인지는 모르겠지만.

바람과 더불어

인간은 바람과 더불어 살아간다. 계절 따라 찾아오는 자연의 바람이 그렇고, 시도 때도 없이 만들어 내는 인간들의 바람이 그렇다. 바람은 호 불호에 관계없이 우리네 인생 여정에 찾아드는 불멸의 존재다.

바람의 종류는 참으로 다양하다. 향긋한 꽃바람이 있는가하면 구린내 나는 똥 바람도 있다. 어디 그뿐인가, 하늬바람 · 회오리바람 · 봄바람 · 신바람 · 춤바람 · 맞바람 같은 오만 바람이 다 있다. 바람은 형체가 없다. 다만 그가 만들어 내는 몸짓만 있을 뿐이다. 또한 바람은 야누스와 같아서 인간들에게 유용하기도 하지만, 반면에 엄청난 재앙을 쏟아붓는 몸짓을 하기도 한다. 그러니 인간들은 이 많은 바람들 속에서 순풍을 만나 안락하게 살기도 하고, 태풍이나 역풍을 맞아 허우적거리는 힘든 삶을 겪기도 한다.

자연의 바람은 지구의 생명이다.

봄바람은 꽃샘바람에서부터 시작된다. 꽃샘바람은 심술궂다. 일찍

잉태한 새싹들이나 꽃망울들이 겨울잠이 지루해 살며시 얼굴을 내밀다보면 하룻밤 사이에 꽃샘바람의 심술이 사정없이 덮쳐 앳된 눈망울을 앗아가버린다. 이 심술을 알 턱 없는 철부지 새싹들의 모습이 애처롭다. 뒤쫓아 온 난풍暖風이 꽃샘바람을 서둘러 쫓아내고는 아른아른한 야마野馬들을 온 누리에 살랑살랑 풀어놓는다. 대지에는 어느새 울긋불긋 색동옷 단장이 펼쳐진다.

5월의 훈풍은 환한 얼굴로 다가와 초록의 들판을 빗질하듯 쓰다듬으며 산하를 감돌아 신록으로 치장한다. 그리하여 계절의 여왕을 탄생시킨다. 태양이 작열하는 삼복더위 때는 바람의 미덕이 더욱 절실하다. 지친 만상萬象들에게 비구름을 몰고 와 갈증을 풀어주는 것도 바람의 몫이기 때문이다. 산업현장에서 구슬땀을 흘리는 전사들은 물론, 수확의 기대에 취한 농부들의 땀을 씻어주는 역할도 또한 바람의 몫이다.

하지만 바람이 매양 인간들에게 축복만 내리는 것은 아니다. 늦여름에 찾아드는 무자비한 태풍의 심술은 인간들의 삶을 순간적으로 망쳐버린다. 그야말로 경천동지가 아니랴. 자연의 고마움을 모르는 인간들의 오만을 꾸짖는지도 모를 일이다. 이럴 때 자연이 인간들의 선악을 개별적으로 구분할 수 있다면 세상이 요순시대로 회귀할 수 있으련만, 하등 상관하지 않고 무차별적으로 내려치니 자연의 무심함이 원망스럽기도 할 때가 있다.

그 심술이 끝나면 보상이라도 하듯이 삽상한 가을바람이 어느새 불어온다. 길섶에는 코스모스가 청초히 한들거리고, 들녘에는 황금물결을 일렁이게 한다. 그러고는 만산의 초목들도 예외 없이 살랑살랑 흔들어 붉은 옷으로 치장시킨다. 하지만 가을바람은 어느새 소슬바람으로 변하여 그 이파리들을 쓸쓸히 날려버린다. 가을 해가 노루 꼬리만 할 무렵이면 호수에 내려앉아 자맥질하던 남녘의 철새들이며, 처마 밑에서 조잘대던 재비들마저도 떠나버린다.

산자락의 가랑잎들이 바스락거리며 흩날릴 즈음이면 하늬바람은 설한으로 무장한 삭풍을 앞세워 대지를 장악한다. 삭풍은 생명 있는 모든 것들에게 잔인하다. 이 잔인함에 대처할 수 있는 인간이나 동물들과는 달리 수목들은 풀씨보다도 못하게 그냥 꿋꿋이 서서 삭풍을 맞을 수밖에 없다. 청청한 송백들이야 근심엽무根深葉茂이니 견딜 만하겠지만, 가지마다 헐벗어 메마르기 이를 데 없는 나목들을 삭풍은 너무 가혹하게 몰아치며 흔들어 댄다. 그래도 나목들은 꿋꿋이 견디며 새봄을 맞이하니 장하지 아니할 수 없다.

인간들이 만들어내는 인위적 바람은 어떠한가?

가장 좋은 바람은 아마도 신바람이 아닐까 싶다. 어깨를 우쭐거릴 만큼의 즐거움을 말함이니 이 바람에는 휘말릴수록 좋을 것이다. 하지만 일생을 살아가면서 이런 신바람에 실려 창공을 훨훨 날아볼 기회가 얼마나 되겠는가. 반면에 휘말려서는 안 될 바람도 많다. 쾌락과 불륜의 바람이 그것이다. 춤바람도 이에 속하겠지만, 음양을 주체하지 못하는 바람 앞에는 망신만이 있을 뿐이다. 오기로 피우는 맞바람도 마찬가지다. 이런 가정은 이미 떡쌀을 담가 놓은 상태나 다를 바 없다.

소위 풍문이라는 카더라 방송은 세상을 혼란스럽게 만드는 바람이다. 턱도 없는 예기라도 한두 번 듣다보면 정말 그런가 싶어진다. 아니 땐 굴뚝에 연기 나랴 싶어 진실로 굳어져버리니 우중愚衆들은 이에 완전히 넘어가고 만다. 이런 것은 주로 정치권에서 많이 쓴다. 이 꼼수에 속거나 된통 역풍을 맞으면 쓰러져 헤어나지도 못한다. 우리네들의 평범한 삶 속에도 때로는 피하지 못할 역풍이 분다. 세상을 너무 쉽게 보거나 과욕을 부리다보면 이 역풍이 부지불식간에 찾아와 운명을 뒤바꿔 버리니 참으로 조심해야 할 바람이다.

이처럼 우리 인간들은 온갖 바람을 맞으며 바람 속에서 살아간다. 그러니 바람과 더불어 살다가 바람처럼 사라지는 것이 인생이 아닌가.

"우리열차"

열차여행을 하다 보니 언제부턴가 열차의 소개 지칭이 바뀐 것을 알게 되었다. 승무(안내)원이 종래에 쓰던 "이 열차"라는 지시 대명사 대신 "우리열차"라는 일인칭 대명사를 사용하고 있는 것이다. 나는 이 안내방송을 듣고서 "우리"라는 용어가 누구를 지칭하는 것인지 아리송하지 않을 수가 없었다. 광의로 해석하자면 철도에 소속된 전 종업원 및 승객을 의미하는 말 같기도 하고, 협의로 해석하자면 이 열차에 승차한 승무원만을 의미하는 것 같기도 했다. 그러나 곰곰이 따져보니 다른 뜻이 있는 것 같았다.

문득 철도청의 경영권이 코레일이라는 철도공사로 넘어갔다는 사실이 뇌리에 떠올랐다. 코레일은 국가가 투자하여 설립한 공영법인이다. 주식회사처럼 이윤을 목적으로 하는 독립채산제 기관으로서 그 임직원들의 신분도 공무원 신분이 아닌 회사원과 유사하다. 그러므로 "우리열차"라는 말은 승객이 포함되지 않는 철도공사의 임직원에게만 국한된다는 것임을 깨닫게 되었다. 가령 우리 집, 우리 마을이라고 했을 때 그 주체인 '우리'의 존재는 '우리'라는 조직 내의 구성원만을 의미하기 때문이다.

종전의 철도청은 국가가 경영하는 국영기업이었기에 국민들은 국가의 구성원이므로 협의로는 승무원과 승객, 광의로는 철도청의 전 임직원과 모든 국민들이 다 "우리열차"의 지칭 속에 포함될 수도 있을 것이다. 그러나 그 때는 이 지칭을 쓰지 않고 지시 대명사(이 열차)만 사용했다. 그랬던 것이 국가가 주체가 아닌 공영법인의 임직원들이 오히려 이 지칭을 사용하고 있으니 아이러니가 아닐 수 없다. 이로 인해 승객이나 국민들의 입장에서는 이제 그들이 고유의 철도 시설을 저들의 소유물이라며 건방을 떠는 말같이 들리기도 한다.

비록 기업형태이기는 하지만 승객과 국민들의 입장에서는 아직도 국가가 대주주인 공영의 시설물이며, 매양 그 레일 위에서 달리는 그 열차를 이용하고 있음에도 종전과는 달리 국민들은 하등 상관없는 단순한 승객으로만 따돌리고 저들(철도공사의 임직원)의 사유물인 열차로 만들어 버렸기 때문이다. 자신들끼리 '우리열차'라고 하는 것은 몰라도 승객(국민)들에게 '우리열차'라고 하는 것은 잘못된 지칭이 아닐 수 없다. 이들의 행위에 국민들은 마치 며느리에게 안방을 내어준 시어머니 기분이고 집주인이 도리어 셋방살이 신세가 된 느낌이다.

아마도 이렇게 바뀐 시기가 철도청의 강성 노조들이 꾀나 데모를 했던 전후가 아닌가 싶다. 그들은 그 후에 경영쇄신을 위하여 철도청의 마크도 고치고 명칭도 코레일로 바꾸었다. 이 때 열차를 지칭하는 안내방송도 바꾼 모양이다. 그들이 이와 같이 "우리열차"라는 용어를 굳이 채택한 이유를 나름대로 분석해 보건대 임직원들의 권익과 소속감을 다지기 위한 한 방편이었을 수도 있을 것이다.

그 결과는 심각했다. 노조가 경영권에 참여하여 각종 비리를 저지르는가하면 급여 산정에 압력을 넣고 임직원을 임의로 채용하기도 했다. 또 누구든 일정기간만 차면 무조건 승진하는 등 방만한 경영으로 적자가 눈덩이처럼 커져만 갔다. 이를 보다 못한 박근혜 정부가 민영화로 바꾸어 경영쇄신을 도모하려 했으나 강성노조들의 끝없는 불법 시위에 부딪혀 실패로 끝나고 말았다. 공권력을 동원하여 노조집행부를 무력화 시키는 데는 철도 민영화를 포기하는 조건을 수용하지 않을 수 없었기 때문이다. 참으로 어처구니없는 일이 아닐 수 없다.

이렇게 탄생한 그들의 "우리열차"가 선로 위에서 주저앉거나 레일에 이상이 생기는 등 잦은 사고까지 발생하여 승객들을 불안하게 했다. 염불에는 마음이 없고 잿밥에만 관심이 있다 보니 그렇게 된 게 아니고 무엇이겠는가? "우리열차" 관계자들의 예기인즉 KTX 열차의 운행 경험 및 자체 열차 제작의 기술축적 기간이 일천하기 때문에 비롯되었다고 한다. 하지만 외부에서는 강성 철도 노조들의 무사안일과 방만한 근무태도 때문에 빚어진 일이라고 했다. 시시비비를 떠나서 철도공사가 기왕에 "우리열차"이니 전 임직원들이 투철한 주인정신을 발휘하여 승객과 국민들에게 보다 더 신뢰받는 철도공사로 거듭났으면 하는 바람이다.

어느 혼주의 행운

특별히 기억에 남는 혼주와 신랑 신부 한 쌍이 있다. 지난 해 가을의 일이다. 신랑의 혼주는 심덕 좋은 마당발로서 제법 성공한 사업가이다. 그런 그가 주위에 지덕을 겸비한 명망가들을 두고 굳이 나에게 사성과 주례를 부탁해 왔다. 사성을 비롯한 예간禮柬은 흔쾌히 써주겠다고 승낙하면서 주례만은 고사했다. 하지만 그의 진정성을 끝내 거절할 수가 없었다. 예식을 며칠 앞둔 어느 날이었다. 그는 고급 식당에다 아늑한 자리를 마련해놓고 나를 초청했다. 예비 신랑신부가 인사도 드릴 겸 당일의 주례사로써는 채울 수 없는 부부 행로에 대한 귀감을 듣고 싶기 때문이라고 했다.

이런 일은 처음 겪는 일이었다. 모두들 주례는 인연이 닿는 명망가를 세우려고 하지만, 그 주례사를 챙기려는 사람은 없다. 나 역시 자녀 출가 시에 그랬으니 이들의 초청을 부끄러움과 감명의 뒤섞임으로 받아들일 수밖에 없었다. 이 날 내가 받은 예우는 참으로 과분했다. 하지만 이에 대한 보답은 위선을 덧칠한 삶의 경험담에 불과했으니 예비부부들에게 무슨 도움이 되었겠는가. 혼례를 마친 며칠 뒤였다. 혼주는 신혼여행을 다녀온 영식令息과 함께 정성 넘치는 폐백을 마련해서 인사를 왔다. 요즈음의 염량세태와는 어울리지 않는 그 혼주의 행신이 참으로 돋보이지 않을 수가 없었다.

그랬는데 이번 추석 전에는 그로부터 참으로 반가운 전화가 걸려왔다. 쌍둥이 손자를 얻었다는 것이다. 따져보니 주례를 서 준지가 벌써 일 년이 되었다. 혼주는 입이 귀에 걸릴 것 같은 기쁨을 쏟아내며 손자들의 이름을 지어달라는 것이다. 나도 친손자를 본 것같이 기뻤다. 그도 그럴 것이 외동인 그 쌍둥이 아빠가 어릴 때 백혈병에 걸려 엄청난 시련을 겪은 끝에 겨우 생명은 건졌지만, 생식 기능은 확실치가 않은 상태였다는 것이다. 그랬는데 마침 쌍둥이 엄마가 대학병원의 미생물학 전공의여서 곧바로 남편을 치료하여 회복시켰다고 했다. 그런 끝에 쌍둥이까지 태어나는 행운을 얻게 되었으니 어찌 갑절의 기쁨이 아닐 수 있겠는가.

이 행운은 혼주가 평소에 쌓아 올린 덕성과 올바른 행신에서 비롯된 결과라고 믿고 싶다. 나는 곧장 교분을 가진 명성 있는 작명가에게 부탁하여 이름을 짓게 해주었다. 그는 또 갚음의 표시로 두 번이나 찾아왔다. 더구나 작명을 받았던 추석 직전에는 값비싼 한우 등심 상자를 들고 부자가 함께 방문하였다. 이들의 기쁨은 말할 수 없겠지만, 나에게 베푼 과례의 정리情理는 어디에도 비할 수 없는 종덕種德의 표상임에 감동을 받지 않을 수가 없었다. 이런 나의 심정을 감지한 그는 "모두가 주례님의 덕분이 아닙니까."라며 겸양의 덕담을 잊지 아니했다.

사람마다 길흉화복의 근원에 대한 시각이 자신의 삶의 방식과 연관되어 있다 해도 과언이 아닐 것이다. 그것은 종교적 관점이나 문화적 가치기준의 차이에서 비롯된 것이리라. 혼주들의 주례 선별의 경우에도 마찬가지일 것이다. 나 역시 이런 사조思潮에 종속되어 각 혼주들에게 선택되었으니 그들의 사상과 가치관에 부합되는 축복과 행운을 빌어 주어야 마땅하리라. 그 덤으로 얻는 것은 부푼 꿈을 싣고 비상하는 원앙들의 모습을 보는 보람이다. 그것만으로도 족한데, 쌍둥이 할아버지 가족처럼 축복의 환상環象을 만나게 되니 더욱 보람이 아니랴! 이들의 가정에 늘 행복이 가득하기를.

아내의 반지

아내가 외출복을 차려 입은 채 무엇을 열심히 찾는 듯싶었다. 화장대며 문갑의 서랍을 빠짐없이 뒤진다. 얼마간 그러더니 종종걸음으로 나가버렸다. 평소에도 외출할 때는 가끔씩 소지품들을 찾느라 소란을 피울 때가 있다. 이 날 역시 그런 것쯤으로 여겼다. 나도 그럴 때가 많지만 집사람은 나보다는 한 수 위다. 나는 무슨 물건이든 비교적 고정된 자리에 두는 편이지만 그는 그런 습관에 익숙하지 못하다. 그러다보니 나이가 들수록 찾는 횟수도 많을 뿐더러 찾는데도 시간이 많이 소요되거나 영 못 찾는 경우도 더러 있다.

외출에서 돌아온 후에도 한 이틀간 같은 행동을 반복하는 것이다. 생각건대 무슨 소중한 소지품을 잃어버린 듯싶었지만 못 본 척으로 일관했다. 그랬는데 끝내 못 찾게 되자 그제야 실토를 하는 것이다.

"당신 내 반지 못 봤어요?"

"아니 웬 반지는?"

전혀 예측 밖의 물건을 분실한 것이 아닌가. 퉁명스럽게 반문을 할 수밖에.

"그저께 제사 지내기 전날 문갑 서랍에 넣어두었는데 감쪽같이 없어진 기라 예."

반지를 끼고 다니는지 벗고 다니는지는 물론, 어디에다 놓아두는지는 더더욱 모른다. 그런 나를 그는 모를 턱이 없지만 에멜무지로 물어보는 것이리라.

"이 사람아, 그걸 내가 어떻게 알아, 또 어디 엉뚱스레 놔두고 그러는 게지."

"꼬마들이 갖고 놀다가 버린 긴지도 모르겠네? 그 반지를 잃어 뿌다니 이 일을 우짜노."

수심이 가득한 얼굴로 낙담만 늘어놓는다.

그 말을 듣고 보니 그럴 성도 싶었다. 두 질부들의 꼬마들이 이제는 조금 자라서 덜하기는 하지만 아직도 제사 때만 되면 더러 저지레를 해놓는다. 나는 집사람이 그 때문에 이에 대비한다고 지레 다른 곳에다 옮겼을지도 모른다는 생각이 들어

"어디 딴 곳에 감춰두었는지 잘 생각해보게."

그래도 막무가내다. 다른 데는 절대로 두지 않았다며 송곳처럼 세운다. 며칠이 지나도록 찾고 또 찾아도 나오지 아니하니 낙심이 깊어져 멍하니 앉아 있기도 했다. 저러다가 병이라도 날 듯 싶었다. 그 반지는 며느리가 시집올 때 제 남편에게 해준 조그마한 다이아몬드가 박힌 것인데 남편이 끼지 않자 제 시어머니에게 바친 것이라고 들었다. 시어머니가 반지가 없다는 것을 눈치 채고 한 짓이라고 여겨진다. 정말 사려가 깊고 효심이 가득한 아이라고 아니 할 수 없다.

우리가 결혼할 때 아내에게 보낸 폐물은 겨우 두 돈짜리 황금가락지에 불과했다. 화장품을 비롯하여 볼품없었던 그 당시의 혼수가 집사람은 무던히도 서운했던가보다. 그런데 하찮은 그 가락지마저 팔아먹고 말았다. 결혼한 지 1년쯤 지나서였다. 누이동생이 결혼하여 신행 가기 직전이었는데 혼수로 받은 손목시계가 고장이 났다. 속아 산 가짜였던 모양이었다. 그것을 고쳐서 허리춤의 조그마한 주머니에 넣고 집에 와서 보니 없어졌다. 대구 역 구내의 북새판에서 소매치기를 당한 것 같았다. 심부름을 하다가 벌어진 일이니 억울했지만, 부모님께 알리면 걱정만 끼칠 것 같아 아내의 동의로 그 가락지를 처분하여 물어주고 말았다. 잔인한 방법이었다.

그런 후 세월이 한참 흘렀다. 말단 월급쟁이지만 처음 보너스 제도가 생기니 아내는 몇 푼의 여유가 있었던 모양이었다. 누이동생과 함께 서문시장 근처 어느 금은방에서 루비를 박은 니켈합금 반지를 하나 샀단다. 당시 월급으로서는 한 달 치를 다 털어 넣어도 1캐럿짜리 다이아 하나도 살 수가 없을 때였으니 그 가격은 물어보나 마나다. 그걸 얼마 동안 끼고 다니더니만 테두리가 닳아서 알이 빠지자 몇 번의 수리를 거쳐도 신통치 않자 벗어 버리고 말았다. 그 후로는 맨 손가락으로 다녔다.

그랬는데 며느리의 효도로 야박했던 시댁이나 무정한 남편에게 받아보지 못했던 다이어 반지를 끼게 되었으니 얼마나 고맙고 소중했으랴! 그런 반지를 잃어버렸으니 애가 터질 수밖에. 어쨌든 나로서는 이래저래 모르는 척하고 넘어갈 수만은 없는 형편이 되어버렸다. 이럴 때 그것과 버금가는 반지를 끼워주고 남편의 때를 한 번 벗어보는 것도 괜찮으리라 싶어 곧 실행에 옮길 작정이었다.

잃어버린 지 일주일쯤 되었을까 싶다. 문갑 옆에 붙어 둔 조그만

4각 책상 위에 얹힌 옥편을 보기 위해 덧껴 얹힌 몇 권의 책들과 함께 비스듬히 들어 올렸다. 이 책들 역시 꼬마들을 피해서 농 안에 넣어 두었던 것을 그저께 꺼내 놓은 것이다. 그런데 그 순간 무엇인가 상위에 떨어져 금속성 마찰 소리를 내며 때구루루 구르는 것이 아닌가. 무의식적으로 냉큼 주웠더니 아내가 그렇게도 찾던 그 반지였다. 참으로 기가 막혀서 혼자서 껄껄 웃어댔다.

역시 내 예측이 맞았다. 집사람은 꼬마들이 필경 방안의 곳곳을 들출까 염려되어 엉뚱스러운 책 사이에다 숨겨서 농속에 옮겨 놓았던 결과였다. 다람쥐가 도토리를 겨울양식으로 이리저리 저장해 두었다가 결국 그곳을 다 기억하지 못해 굶어 죽기도 한다는데, 흡사 그 꼴이 아니고 무엇이랴. 아침 일찍 나갔던 사람이 저녁이 되어서야 들어왔다. 그 바보짓에 냅다 소리라도 한 번 지르고 싶었지만, 나 역시 오십보백보가 아닌가. 시치미를 떼고는 "당신이 그 반지 때문에 병이라도 낼 것 같아 그것과 똑 같은 것을 사왔다"고 능청을 떨면서 건네주었더니 금방 알아차리고는 어디서 나왔느냐며 날뛸 듯이 반색을 한다. 멍청이 노릇이야 가관이 아닐 수 없지만, 잃었던 소중 품을 찾았으니 내 주머니가 축이 안나 다행이라고 해야겠다.

학당골, 그 고갯길

학당골 고갯마루의 식당을 처음 찾았다. 아이들과 함께 고향 마을 뒷산 묘소에 벌초를 나왔다가 점심을 먹기 위해서였다. 학당學堂골은 옛날, 서당이 서 있던 곳의 부락 명이다. 고려 말의 충신이었던 나의 입향시조(20대조)가 나라가 망하자 낙향하시어 한 나지막한 남쪽 산자락에다 서당을 열어 후학을 기른 데서 비롯되었다고 한다. 20여 호의 농가가 옹기종기 어울려 사는 전형적인 자연부락이기도 했지만 시류의 무게가 역력해 보인다.

식당은 마치 어느 도회지의 연회장같이 푸근했다. 산업화의 산물임은 말할 나위가 없다. 골짜기와 고갯마루 주변의 나지막한 빈산들이 모조리 공장지대로 탈바꿈하여 널찍한 산업단지가 조성되었으니 말이다. 소방분소까지 들어서서 재산을 보호하고 있으니 그 규모가 보통이 아님을 짐작하고도 남는다. 실개천처럼 가느다랗고 꼬불꼬불했던 달구지 고갯길도 마찬가지다. 어느 날 편도 2차선 도로로 바뀌더니 이제는 그것도 모자라 4차선 확장공사를 하고 있다. 상전벽해라더니, 아니 공산개벽이 아니고 무엇이랴. 이 바람에 그 정답고 호젓한 농촌 풍경들이 산업화의 희생양이 된 지 오래다. 그 속에 간직되었던 추억마저도 앗아갔으니 발전이라는 여신은 과거를 파괴하며 성장하는 잔인한 여신인 모양이다.

내 고향 마을은 고갯마루를 등지고 남쪽으로 떨어져 앉아있는 산자락의 끝에 자리 잡고 있다. 북쪽 금호까지는 10리 길 거리다. 이 길은 무구의 촌부들이 금호강을 건너 세상 밖으로 나가려면 반드시 거쳐야하는 길이기도 하다. 경사는 15도가 될까 말까 한데다 한쪽 길이가 1km 남짓할 뿐이어서 심산유곡의 계곡에는 비할 바가 못 된다. 하지만 이 골짝 길은 아득히 세상이 열려 인간이 정착한 때부터 생겼을 것이다. 오솔길이 처음 생겼을 때도 그랬고 신작로가 생긴 근세의 세대들도 변함없이 드나들었던 길이 아닐런가.

내가 성장통을 앓으며 세상 밖으로 나갔던 길도 정녕 이 길이었다. 상급학생의 꽁무니를 졸졸 따르며 넘나들었던 초등학교 시절의 등하교 길은 잊을 수가 없다. 여름에는 빗길에 미끄러지며 끈이 떨어져버린 개다를 손에 든 채 맨발로 넘기가 일쑤였으며, 겨울에는 얼어붙은 마소 똥을 발부리로 걷어차는 바람에 눈물을 삼키며 넘었던 고개였다. 오후반 수업 때면 외톨이로 탈래탈래 걷는 고갯길이 무섭고 외롭기도 했다. 수풀 속이나 산자락에서 꿩·토끼 같은 산짐승들이 화들짝 달아나는 바람에 어린 가슴을 방망이질 치게 했으니 말이다.

잠깐 다녔던 중학교 시절에는 가끔 귀한 차량에 얹히어 호강하기도 했다. 6·25 사변이 난 후였다. 금호초등학교에 주둔한 군부대의 유엔군 고문관이 우리 마을의 만취당 고택에 거처하면서 지프차로 출퇴근했기 때문이다. 그때의 에피소드도 잊을 수가 없다. 그날 하굣길 역시 금호다리 어구에서 차에 올랐다. 금방 학당골 고갯길에 이르렀는데, 어쩐지 머리가 썰렁한 느낌이 들었다. "아뿔싸 이게 웬일인가." 모자를 학교에 두고 온 것이다. 아버지가 부산의 고모가에 가셨다가 국제시장에서 구입한 모자였다. 비록 중고품이긴 했지만 금싸라기처럼 소중한 것이 아니랴. 궁즉통이라고 했던가, 그 찰나 영어가 불쑥 튀어나왔다. "헬로 스톱, 스톱, 마이 켑 해브 노."라며 머리를 가리켰다. 고문관이 돌아보고는 뭐라고 하는데, 무조건 "스쿨"이라고 외쳤더니 차를 새워주었다. 내 평생 외국인에게 그 꼴난 쥐꼬리 영어를 써먹기는 처음이자 마지막이었다.

이 고갯길은 삶 그 자체였다. 이 길을 통해 희비가 드나들고 빈부귀천이 드나들었다. 할아버지 할머니, 아버지 어머니가 장가들고 시집 온 길이 이 길이었고, 장날이면 아낙네들이 곡식 몇 되박이나 달걀 한두 꾸러미를 들고 꼬리를 문 채 10리, 20리 길, 장보러 드나들던 애환의 길도 이 길이었다. 더러는 지게와 길마를 따돌리는 소달구지도 오르내렸지만, 장마철이면 발통이 바퀴 길의 홈에 빠져 꼼짝할 수가 없었다. 어떤 소든 그럴 때면 힘에 지쳐 왕방울 같은 두 눈을 똑 바로 박은 채 거품을 토했다. 어디 그 뿐인가, 총칼을 앞세우고 농민을 수탈해간 일제도, 갈가마귀 떼같이 밀려왔던 6·25의 피란민도, 개화바람의 동동구리무도 모두가 신작로라는 이 치도治道를 따라 들어오고 나갔다.

참으로 격세지감을 떨쳐버릴 수가 없다. 내 이 고갯길을 떠나온 것은 세상이 산업화의 꿈조차 꿀 수 없었던 20대 초반이 아니었던가. 어느 날 갑자기 질풍노도처럼 불어 닥친 개벽의 바람은 그 짧은 반세기의 시간을 다그쳐 잠들었던 학당골 고개의 천 년 세월을 삼켜버린 것이다. 이 나라 반세기의 축소판이기도 하리라. 모두가 역경과 가난을 탈피하기 위한 질곡의 세월이었다.

칠성동 굴다리

칠성지하도는 경부선의 대구역 동편 철도를 가로지르는 지하 차도이다. 옛날에는 땅굴 수준의 굴다리로써 사람과 손수레만이 다니던 곳이었다. 그래서 칠성동 굴다리라고 불렀다. 나는 시내를 드나드는 날이면 이 길을 운동 삼아 거칠 때가 많다.

이런 날이면 옛날 학창시절이 떠오르곤 한다. 한때 이 굴다리를 통해 학교 길을 드나들었기 때문이다. 고등학교 2학년 1학기 때였다. 대구역의 기관차 물탱크가 이마에 닿을 듯이 바라보이는 칠성동에다 자취방을 마련했다. 철도 담벼락과 인접해 있는 이곳은 대구역의 저탄장 석탄 가루가 새까맣게 날아와 땅바닥이 마치 탄광촌 같았다. 때문에 딴 동네보다 방값이 쌌다. 자취집은 우물이 있는 초가집이었다. 주위의 주택들도 대다수가 초가집이었으며 공동우물을 주로 사용했다.

대구역 뒤편의 서민들은 이 굴다리를 통해 남쪽 중심가와 소통하며 삶을 이어갔다. 등하굣길에는 항상 굴다리가 비좁도록 인파와 손수레가 엉키듯이 드나들었다. 남쪽 입구와 길섶에는 장사꾼들의 난전이 빼곡히 자리 잡고 있었다. 이 중에는 국밥과 꿀꿀이 죽 같은 누른 국수를 메뉴로 하는 간이음식점이 주로 붐볐다. 고객들은 대부분 대구역 주변을 무대로 삼아 밥벌이를 하는 지게꾼과 생계형 떠돌이 노동자들이었다. 지게꾼들은 지게를 진 채 음식점 좌판에 쪼그리고 앉아 허기진 배를 채우기가 일쑤였다.

이곳에는 딴 곳에서는 볼 수 없는 코크스라는 땔감도 거래되었다. 아직 구멍탄이 제대로 개발되지 않은 때여서 귀한 대접을 받았다. 이것은 기관차에서 버린 타다 남은 석탄더미의 찌꺼기에서 나오는데, 가난한 주민들의 좋은 생계 수단이었다. 블록으로 대충 싸놓은 철도 담벼락에다 개구멍을 뚫어놓고 몰래 들락거리며 캐내 오는 보석이었다. 화력도 좋고 냄새도 안나 병원의 난로나 식당의 취사용으로 인기가 높았다.

칠성동 깡패는 유명했다. 주로 자생한 조무래기들이었다. 이들은 어리석고 힘없는 시골 학생들을 타킷으로 삼아 벗겨 먹었다. 순진한 촌놈이 그것도 모르고 둥지를 틀었으니 토끼가 여우 굴을 잘못 찾아 든 것과 다를 바가 없었다. 개학한 지 얼마 되지 않은 날, 하굣길이었다. 판자 울타리로 이어지는 자취집의 골목길을 들어서는 순간이었다. 학생복을 입은 두 놈이 상의 단추를 풀어 젖힌 채 느닷없이 나타났다. 돈을 내 놓으라는 것이다. 없다고 하자 책가방을 낚아채려는 것이다. 이를 뺏기지 않으려고 끌어안은 채 저항하다가 두들겨 맞고 있는데, 때마침 기관사로 근무하는 집 주인이 퇴근하다가 이 광경을 목격하는 바람에 가까스로 모면할 수가 있었다.

이들은 그 이후로도 수시로 나타나 갖은 행패를 부렸다. 자취방에 쳐들어와 밥을 해내라며 뺏어먹기도 하고 책을 뺏어가기도 했다. 자취 동료도 함께 당할 수밖에 없었다. 시골에 다녀올 때 가져온 반찬마저 이놈들에게 당하고 나면 도시락조차 싸갈 수가 없어 점심시간에는 수돗물로 배를 채우기도 했다. 이럴 때면 굴다리의 간이음식점은 나를 초라하게 만들었다. 허기진 배를 안고 타박타박 귀가하다보면 난전의 그 누른 국수가 고량진미로 둔갑하여 나의 구미를 자극했다. 하지만 차오르는 시장기를 한 번도 해결할 형편은 못 되었다.

자취를 계속한다는 것은 그들의 횡포에 응해주는 꼴에 불과할 뿐이었다. 여름 방학이 시작되자마자 이 불량지대의 자취방 역사는 막을 내렸다. 이제 석탄가루 날리던 그 마을은 아파트와 상가 빌딩으로 모두 개벽을 해버렸고, 칠성 굴다리 역시 차도로 바뀌어 흔적을 찾아 볼 수가 없더니 드디어 확장 공사를 하고 있다. 그 어렵던 시절의 사회상을 반추해보면 지금 우리가 누리고 있는 국부의 수준은 참으로 기적에 가까울 뿐이다.

이 지하도를 사색으로 지나치노라면 굴다리의 찌들었던 군상들의 삶과 깡패들에게 시달려 가슴앓이를 했던 추억들이 주마등처럼 스친다.

4
선현을 뵈오며

기부 천사들의 모습을 보면서 | 삶의 흔적 | 모시 도포 | 그 이발사 |
친정 나들이 | 인연이 인연으로 | 수담 놀이 | K은행 이 팀장 |
선현을 뵈오며(1) | 선현을 뵈오며(2) | 선현을 뵈오며(3)

기부 천사들의 모습을 보면서

연말이 되면 거리에 구세군의 종소리가 시민들의 귓전을 울린다. 기업들과 독지가들도 불우 이웃들에게 성금을 기탁하기 위하여 모금창구를 찾는 훈훈한 모습을 어렵지 않게 볼 수 있다. 그런데 얼마 전에는 대림산업의 이준용 회장이 전 재산 2천억 원을 사회에 내어 놓아 온 국민들을 깜짝 놀라게 했다. 이것은 정리情理의 차원을 넘어선 인류애의 극치가 아닐 수 없다. 아름다운 세상이란 벌 나비가 날아드는 꽃동산만 의미하는 것은 아니다. 그 보다는 함께 더불어 살아가는 이런 인간사회의 모습에서 비롯되는 것이니 감동할 뿐이다.

매년 5~6천만 원씩의 거액을 아무도 모르게 놓고 가는 전북지방의 어느 독지가도 그야말로 천사다. 비록 익명이 아닐지라도 불우이웃을 위하여 거금을 쾌척하는 천사들의 선행이 신문 지면을 장식할 때면 콧잔등이 시큰함을 금할 수가 없다. 이들 기부천사들은 꼭 재산가들의 반열에서만 나오는 것이 아니다. 구두 닦기를 천직으로 삼고, 퇴임 후 아파트 수위로 생계를 유지하면서도 1억 원씩의 거금을 기탁한 천사들의 기사를 읽고는 참으로 감동하지 않을 수가 없었다.

남을 돕는다는 것은 결코 쓰고 남는 돈으로만 하는 것이 아니라는 것을 실증하는 귀감의 사례가 아니겠는가. 그것은 졸부들의 사고로서는 감히 엄두를 낼 수 없는 숭고한 인간애의 발로에서 비롯된 것이리라. 이처럼 세상 속에는 선행을 모름지기 실천하며 살아가는 사람들이 있기 때문에 역경 속에 헤매는 불우이웃들의 영혼이 얼마만큼이라도 살찌게 되는 것이다. 그렇지만 이런 일에 관심이 없는 사람들도 많다. 마치 자신은 하늘에서 떨어졌거나 땅에서 솟아난 것처럼 여기는 당당한 사람들이 있는가하면 남에게 빚진 일도 없는데 무엇 때문에 남을 도와주느냐는 식의 배타적 이기주의에 사로잡힌 사람들도 없지 않다.

인간의 삶이란 사람인(人)자처럼 서로를 의지해서 살아가는 공존의 법칙이 존재하는 사회라야 살맛이 난다. 현대사회는 첨단과학이 지배하는 문화사회이다. 비록 대가를 지불할지라도 인류사회를 편리하게 만들어 놓은 지혜로운 선구자가 없었다면 어찌 그 문화의 혜택이 가능했겠는가. 이 땅에 살고 있는 나 역시 그 혜택을 당당히 누리고 있으니, 어느 가난한 오지 나라의 사람들에 비하면 무가無價의 공기에 버금가는 혜택을 누리고 있는 셈이 아니랴. 그러니 기름진 토양 같은 이 사회를 어찌 감사하게 생각지 않겠는가.

20여 년 전에 만든 여경회餘慶會라는 이웃돕기 동아리가 있다. 공직재직 때 동료들과 함께 만든 동아리이다. 시답잖은 일을 언급하려니 부끄럽기도 하지만, 한 사회의 구성원으로서 무가의 혜택에 대한 최소한의 흉내라도 내고 싶은 심정에서 비롯되었다고 해야겠다. 월 2~3만 원씩의 소액 회비를 적립해 두었다가 매년 양명절 때 20가구의 극빈 가정들과 정을 나누어 오고 있다. 초창기에는 주로 연탄과 쌀을 직접 배달해 주었으나 근년에 와서는 현금을 직접 전달한다. 때로는 병원을 찾아 극히 딱한 환자에게 치료비를 도와주기도 했다. 가난에 찌든 가정도 그렇지만, 병마와 치료비로 이중고를 겪는 환자와 그 가족들을 볼 때면 신의 공평하지 못한 배려가 원망스럽게까지 여겨지기도 했다.

동아리를 오래 지속해 오다보니 30여 명의 회원이 시나브로 줄어들어 이제는 20명에 불과하다. 그마저 당초 회원은 10여 명만 남아 있다. 떨어져 나간 회원 자리를 충당하려 했지만 용이하지가 않았다. 회원들이 자의적으로 주위의 지인들에게 권유하는 것이 보통인데, 대개는 벙어리가 되어버리거나, 가입하는 경우라도 얼마 못가서 그만 두는 경우가 많기 때문이다. 이를 겪고 나면 가입을 권유한다는 것이 청약을 회유하는 보험설계사 심정이 되고 만다. 사람들의 사고와 가치관의 다양성에서 비롯된 결과이리라.

따지고 보면 남을 돕는다는 것은 나 자신을 위하는 것이나 다름없다. 내가 남에게 친절을 베푼다면 그도 또한 나를 반겨주듯이 인간 세상의 만사는 주고받는 데서 비롯된다. 그것이 당사자 끼리 곧바로 이루어지는 것이 아닐지라도 보이지 않는 손에 의하여 언젠가는 부메랑이 되어 자신에게 돌아온다. 선악이 다 마찬가지라고 생각된다. 과객들이 찾아들면 후하게 대접했던 옛 양속도 "적선을 하면 반드시 경사로운 일이 있으리라積善之家 必有餘慶."는 유교의 경구와 무관치 않을 것이며, 법당의 불전이나 교회의 헌금도 모름지기 여기에 귀착되리라.

하지만 누구든 이 같은 피상皮相에 불과한 결과를 기대하고 선행을 하는 사람이 어디 있으랴. 더구나 경주 최 부자처럼 100리 안에 굶어죽는 사람을 없게 한다거나 천문학적 거금을 쾌척한 이준용 회장이나 거액을 기부한 천사들의 박애정신을 이런 잣대로 재단한다면 그것은 다분히 그들의 거룩하고 숭고한 기부 정신을 폄훼하는 꼴이 될 것이다. 아무튼 곳곳에 기부천사들이 숨어있어서 그래도 세상은 아름답다.

삶의 흔적

인생은 짧고 예술은 길다느니, 호랑이는 죽으면 가죽을 남기고 사람이 죽으면 이름을 남긴다는 격언이 있다. 이 말은 곧 초로와 같은 생애가 무한한 세월 앞에는 속수무책이지만, 그 삶의 흔적만은 후세에 남길 수 있다는 뜻일 것이다. 하지만 따지고 보면 이는 보통 사람과는 다른 정치가나 문·무관, 학자, 문장·명필가 등 비범한 재주를 가진 인물들에게만 국한될 뿐이라고 생각된다. 그런가하면 이들 역시 특별한 일화를 제외한 일상의 삶의 흔적들을 본인의 의사와 관계없이 따로 남기기란 쉽지 않을 것이다.

조선조 정조 때 경상좌도 선산 출신인 노상추라는 한 무관이 그 시대의 삶의 흔적들을 고스란히 남겨놓아 화제가 된 바 있다. 그것은 다름 아닌, 그가 17세 때부터 84세까지 무려 68년간이나 쓴 일기였는데, 원본이 근년에 이르러 국역으로 출판됨으로써 세상에 알려지게 된 때문이다. 그는 무과에 급제하여 삭주 부사와 수문장 등의 벼슬을 거쳐 당상관 반열에 오른 무관이었다. 그런 그가 공·사간의 삶의 궤적들을 대장정의 일기로 남겼으니 그 끈질김이 참으로 놀랍지 않을 수가 없다.

이 기록에는 그의 출사에서부터 무관으로서 겪은 일들은 물론, 그 시대의 사회상도 많이 기록되어 있어 번역자는 역사적 사료로서의 가치가 크다고 설명해 놓았다. 경상좌도 병마절도사(조부)의 후손으로 태어나 와신상담의 끈질긴 노력 끝에 입신양명하여 가정을 일으켜 세운 긍지뿐만 아니라, 단명한 처자식들에 대한 애환과 노비들과의 인간적 관계를 비롯한 삶의 일상사들도 적나라하게 표현되어 있어 이 책을 대하게 된 나로 하여금 흥미를 느끼게 했다.

그는 20대 중반부터 전심전력의 노력을 쏟아 부어 과거시험에 응시하였으나 무려 10년을 실패한 후에야 비로소 뜻을 이룰 수 있었다. 각고 끝에 얻은 칠전팔기의 대가代價는 참으로 대단했다. 합격하여 고향에 도착하는 날, 선산부사를 비롯한 축하 인파가 무려 5,000여 명에 이르렀다고 기록해 놓았으니 문·무과 급제를 막론하고 그 시대의 벼슬은 모든 세상 사람들의 추앙과 흠모의 대상이 아닐 수 없었던 모양이다. 이로 미루어볼 때 요즈음의 국회의원 당선자나 장관 부임 축하인사쯤은 아무것도 아닌 것 같다.

이런 영광의 이면에는 처자식들이 요절하는 불운도 따랐다. 그의 부친처럼 그도 40대 후반까지 세 번이나 장가를 들었다. 맞이한 부인마다 질병 또는 출산의 후유증으로 잃게 되었기 때문이었다. 그러자 그 후에는 임지에서 얻었던 27세의 기생을 첩으로 들여 평생을 함께 했다. 그런 가운데 형은 20대 이전에, 누이는 출가 후 몇 달 만에 요절했다. 자식들도 여럿이 태어났지만 거의 잃고는 맨 마지막 부인과 첩으로부터 얻은 각 한 명씩의 자식밖에 남지 않았으니 그 가족사는 참으로 평탄치 못했다.

집안에 부리는 노비는 15명 정도였는데, 농사와 가사를 포함한 잡역은 항상 이들의 몫이었다. 이들도 가족처럼 대하며 새 생명이 태어나면 기뻐했고 죽으면 슬퍼하는 인정을 베풀었다. 그러나 주인을 배신하면 용납하지 않았다. 어느 날 사내종과 계집종이 눈이 맞아 도망가는 일이 벌어졌다. 그랬지만 그들은 인동 지방에서 은거한 지 몇 달 만에 발각되어 도로 잡혀왔다. 소위 양반들의 네트워크가 사방에 깔려 있어 서로 정보를 주고받기 때문에 피신할 곳이 없었기 때문이다. 그런 그들을 잡아다 놓고 죽도록 곤장을 쳤다고 일기에는 기록되어 있다.

그 시대 사회상의 어처구니없는 참상도 빼놓지 않았다. 내직으로 영전한 직전의 인동 부사가 이곳에서 알게 된 애기愛妓를 한양으로 불러다가 사랑 놀음을 하고는 내려 보냈다. 이 기생은 은총을 입은 듯이 콧대가 높아진 상태로 돌아와 향사당鄕射堂 앞을 지나면서 평소와는 달리 가마에 탄 채로 통과해 버렸다. 이를 본 향사당의 원로 향인들이 현임 부사에게 그의 무례함을 보고하니 부사는 그 기생과 오라비를 함께 잡아다가 원로들과 어울려 곤장을 치기에 이르렀다. 이로 인해 이들은 그만 매에 지쳐 죽고 말았다.

이 사건이 조정(전임 부사)에 알려지자 암행어사를 내려 보내 이 일에 가담한 인동 좌수와 원로 향인 수십 명을 잡아다가 보복성 곤장을 내려쳤다. 이 끝에 결국 좌수를 포함한 5명의 또 다른 생명이 맞아 죽었으며, 현임 인동 부사는 파직되어 의금부에 끌려가는 끔찍한 사태가 벌어졌다. 이 두 사건이 다 같이 괴심 죄에서 비롯된 것이라고 할 수 있다. 이로 미루어볼 때 당시의 권력이 얼마나 무질서하고 무서웠으며, 또한 그 권력을 통한 남형濫刑이 얼마나 심했는지를 알 수 있는 대목이다.

이 뿐만이 아닌 다른 일화들도 이 책 속에 많이 수록되어 있어 2세기 전에 살다간 한 무관의 진솔한 삶의 면모가 우리들에게 감동을 주기에 충분했다. 그 자신으로서는 한 생애의 값진 삶의 흔적들을 고스란히 곰삭혀 놓았으며, 우리들에게는 역사 서적으로는 맞이할 수 없는 소중한 역사를 일깨워주었다. 그러니 육신은 비록 이 세상에서 사라진 지 오래지만 그의 삶의 일상들은 영원히 살아남아 우리 곁에서 숨 쉬고 있는 것이다.

하기야 나도 비록 짧긴 하지만 퇴임 후 나름대로 일상에 대한 일기를 쓰고 있기는 하다. 그러나 질량적인 면에서 그런 비범한 범주에 속하는 위인에게 견줄 바가 못 됨은 말할 나위도 없다. 하여서 무슨 값진 삶의 흔적을 남긴다는 것은 가당치도 않는 어불성설에 불과할 뿐이다. 다만 하잘 것 없는 기록인 나의 삶의 찌꺼기와 더불어 공직 재임 시에 교부받은 몇 매의 사령장과 함께 몇 권의 졸작이 있으니 그것이 후손들에게 삶의 흔적으로 남을는지는 모를 일이다.

모시 도포

도포는 유교문화가 이 땅에 들어온 후부터 입었던 우리 조상들의 전통 예복이다. 아랍인들을 비롯하여 신부나 승려들도 그들의 종교를 의미하는 복식服飾이 있듯이 유교도 두루마기나 도포가 나름의 복식으로서, 제례 때나 혼례 등 각종 전통 행사 때는 의례히 착용했다. 그 품위는 근엄하고 학같이 우아하여 어느 예복에 비해도 빠지지 않는다. 옷감은 주로 삼베나 모시가 주종이다. 삼베 중에는 안동포가 으뜸이고 모시는 한산모시가 으뜸으로 한번 장만하면 거의 평생을 입을 수 있다.

신부 측의 전통 혼수 중에는 신랑의 도포가 주요 품목이었다. 옷의 치수는 신랑 측으로부터 받은 의제 기록을 근거로 짓는 것이 통례였다. 하지만 조혼 풍습 때문에 신랑이 성장 중이라서 옷감을 그대로 보내는 경우가 많았다고 한다. 나도 감을 그대로 받았으나 그와는 관계가 없다. 한산모시였다. 그 옷감이 옥색도포로 생명을 얻은 것은 몇 년 뒤였다. 어머니는 마름질하고 집사람은 바느질하여 나의 의관으로 태어나게 했다. 바탕은 에메랄드처럼 맑고 매무새는 폭마다 정갈했다. 그 곳에는 올마다 자애가 풋풋하게 스며있고 땀마다 사랑과 정성이 가득 깃들어 있으니 어찌 소중한 예복이 아니랴.

도포의 운명은 태어날 때부터 주인의 처지와 유관할 수밖에 없을 것 같다. 만약 주인을 잘못 만나면 태어나서 생명의 의미조차 느낄 찰나도 없이 관 속으로 들어갈 수도 있고, 장롱 속에서 깊은 숙면의 시간을 보내느라 나들이 한번 제대로 못해 볼 수도 있다. 그에 비하면 나의 도포는 괜찮은 주인을 만난 셈이다. 묘·제사 때는 의례히 이 도포가 나의 필수품인 것은 말할 나위가 없다. 비 선조 서원의 향사 때는 물론, 다른 서원으로부터 소임 망기望記를 받고 참례할 때도 의당 이 도포가 나의 화신化身이다. 중국 산동성의 공자묘廟 제례와 경주의 미추왕릉 묘제墓祭의 소임 때는 물론, 도산서원을 비롯한 동방 5현과 병산서원을 비롯한 영남 4현 서원 향사 등의 대축 또는 집례의 소임 때도 의례히 이 도포가 나의 치장이었음은 말할 나위가 없다.

그랬던 도포가 나처럼 나이를 많이 먹어 낡아버렸다. 때문에 집사람은 수선을 할 수밖에 없었다. 그 첫 수선이 5년여 전 즈음이었는데, 이번 아버지 제사 때도 또 수선을 해야 했다. 천을 세탁하여 낡은 곳은 바늘로 꼼꼼히 뜨고 해진 부위는 고름을 조금 잘라 풀로 때워 정갈하게 재생시키는 것이 아닌가. 그랬더니 옛 모습을 되찾은 느낌이었다. 돋보기를 끼고 만지작거리는 집사람의 솜씨가 새삼 돋보였다.

아직도 옛 솜씨가 남아있는 모양이었다. 심창에 갇혀 개화세상의 바람을 타지 못한 대가가 아니랴. 아버지의 기일이 양력 6월 초순이

어서 철은 조금 이르지만, 내친김에 도포 안에다 모시 주우 적삼과 모시 두루마기까지 차려 입고는 제례를 올렸다. 이 또한 정성의 일환이니 마음은 한결 가볍고 몸가짐은 더욱 경건했다.

남들은 나더러 요즘에도 제례 때 도포를 입느냐고 반문한다거나 시대에 뒤떨어진 사람이라고 비웃을지도 모를 일이다. 그 말에 이해는 가능하지만 동의할 수는 없다. 물론 남들도 나처럼 한복에다 도포를 갖추라는 뜻은 절대 아니다. 내가 제례행사 때 굳이 도포차림을 하는 것은 장남인데다 몇 대의 조상을 모신 주손으로서 기왕에 있는 예복이기 때문이기도 하다. 물론 다른 제관들은 평시의 정복차림이면 족하다. 시대의 흐름이 우리 문화를 버리고 외국문화를 여과 없이 수용하는 것이 현실이 된 지 오래이다. 그러니 우리의 관혼상제 례가 사라졌다고 해서 대단한 일은 아니다.

이렇게 된 배경에는 종교문화가 많은 영향을 미쳤다고 본다. 장례식장의 상복이 그 대표적인 예다. 비 종교인들도 대개가 검은 양복에다 삼베완장을 두른 것이 그것이다. 그 완장에다 검은 줄을 한두 개씩 새겨 놓았는데, 다단한 복차를 그것으로 구분할 수도 없을 뿐더러 사람의 행동을 강제하는 표시로 쓰였던 완장이 상례의 표지標識로 둔갑했으니 가관이 아닐 수 없다.

자고로 자신들의 역사와 전통문화를 망각한 민족이 지도상에 살아남거나 부활한 적은 없다. 한 가정의 내력도 마찬가지이다. 상례와 제례의 전통을 버린다는 것은 가정의 뿌리를 단절한다는 것과 다를 바가 없다. 그것은 의식과 사상을 바꾸는 것으로써 다른 문화로 갈아탄다는 의미이다. 행복을 좇는 삶의 기준을 시대의 변천에 맞추어 판단하는 영혼의 사유에서 비롯한 것이리라. 때문에 바쁘고 힘들다는 핑계로 조상들의 묘지를 한자리에다 모으고 제사와 묘사를 겸하여 일 년에 한 차례만 제례를 올리기도 하는 것이 요즘의 현실이다.

나는 그 중심에 비켜서서 도포예찬을 늘어놓고 있으니 시대의 낙오자인지도 모를 일이다.

그 이발사

무심코 이발소로 들어섰다. 수십 년 다니던 단골 이발소이다. 하지만 처음 보는 이발사가 아닌가. 말을 걸었더니 며칠 전에 들어온 새 주인이란다. 그는 운동선수처럼 생긴 건장한 체구의 50대 초반이었다. 어쩐지 좀 찜찜했다. 외길 이발사같이 보이지 않았기 때문이다. 되돌아 나올까 하고 망설여졌지만 텅 빈 의자를 바라보니 면구스러움이 앞서 머리를 맡겼다.

아니나 다를까, 두어 번 가위질을 하는가 싶더니 느닷없이 이발기계를 갖다 대고 뒷머리를 고르기 시작하는 것이다. 종전의 이발사와는 전혀 딴 판이다. "왜 가위로 고르지 않느냐?"고 물었더니 "이렇게 고르면 더 잘 됩니다."고 되받는 것이다. 워낙 가위질이 서투니까 임기응변으로 하는 수작 같아 보였다. 거울을 응시해 보니 종전의 머리 모양과는 전혀 딴 판이 아닌가. 위쪽의 긴 머리카락은 솎아 내지를 않아 대접을 씌워 놓은 것 같고, 기계로 자른 아래쪽의 짧은 머리카락은 소가 뜯던 자리 같았다.

가버린 그 이발사 생각이 났다. 그는 20여 년 전인 30대 중반에 내 이웃에서 이발소 문을 열었다. 부인과 함께였다. 부부는 다 같이 심성이 명주옷같이 고왔으며, 이발 또한 섬세하고 정성스러웠다. 그러기에 그에게 머리를 내밀면 심신이 편안했다. '싹둑싹둑' 가위질 소리를 자장가 삼아 잠시 휴면에 빠지는 것이 보통이지만, 깨어보면 언제나 머리 모양은 붕어빵이었다. 그 부인의 면도 솜씨도 마찬가지였다. 마치 솜사탕을 입에 넣는 느낌이었으니까.

그는 평생을 이발업에 종사했으니 이 직종의 장인인 셈이다. 때문에 고객의 머리통이 공예가가 다듬으려는 공예 재료와 같아 보였을지도 모른다. 마치 공예가가 자연 상태의 재료를 그 형질에 따라 알맞은 모양의 작품으로 다듬어 내듯이, 그도 역시 고객의 취향이나 두상의 생김새에 따라 머리를 다듬어 냈을 터이니 말이다. 나도 그에게 머리를 내미는 날은 그의 작품 재료가 되었을 것이다. 하지만 내 머리통은 하도 오래 반복했기에 한석봉이 한밤중에 붓글씨 쓰는 것에 지나지 않았으리라. 새 이발사에게 그 이발사의 사정을 넌지시 물었더니 시력이 나빠져서 업소를 접었다는 것이다.

이윽고 면도가 시작되었다. 예상했던 대로다. 머리 깎던 솜씨와 매양 한 가지다. 체구를 닮아 엄청 큰 손이 거칠기까지 하다. 마치 얼굴에 수세미를 문지르는 느낌이다. 생각건대 이 이발사는 조기 정년을 맞이했거나 아니면 직업의 무대에서 예측불능의 상황으로 스텝이 꼬여 내려 올 수밖에 없게 되자 재기를 위하여 택한 새 직업이 아닌가 싶다. 그날 이후로는 다시 찾지를 못했다. 가버린 그 이발사의 솜씨가 그리울 뿐이다.

친정 나들이

해질 무렵이었다. 대문을 열고 들어서도 인기척이 없다. 집사람이 아직도 돌아오지 않은 모양이다. 행여나 싶었지만 역시나이다. 그저께 출발할 때는 오늘 돌아온다고 했다. 물론 그러라고 강요하지도 아니한 자의적인 약속이었다. 그러나 여태까지의 경험을 고려할 때 그것을 곧이곧대로 받아들이지는 아니한 터이다. 그러려니 여기며 밥을 챙겨 먹으려는데 큰딸의 전화가 왔다. 아이는 대뜸 "엄마 있어요?"가 아닌, "엄마 왔어요?"라는 것이다. "아니."라는 나의 대답을 듣자마자 "엄마는 참, 아버지 혼자 두고 우짜라고 오지도 안하노, 제가 갈까예?"라고 조잘거리며 걱정하는 것이 아닌가. "애야 쌀 있고 반찬 있는데 뭐가 걱정이고, 실컷 놀다 오구로 나도뿌라마." 나의 이 말에 아이는 어쩔 수 없다는 듯 전화를 끊는다. 아비를 걱정하는 그의 효심이 갸륵해서 혼자 싱긋 웃었다.

두 딸은 모두 같은 시내에서 사니 친정 길이 이웃집 드나드는 것보다 쉽다. 그러다보니 그들은 물론, 현대 여성들은 그들 어머니들의 감질나는 친정 나들이를 알 턱이 없다. 그 전 세대의 여인들은 친정길이 멀면 평생에 한두 번 다녀오는 것이 고작이기도 했다. 다만 출산 때는 친정에다 짐을 떠넘기기 위해 한두 달씩 머무르게 한 경우도 있었다. 집사람도 둘째 아이 출산 때는 그랬다. 집사람은 별 볼일 없는 나 같은 장손의 아내가 된 탓에 오랫동안 상봉하솔相逢下率의 정구지역井臼之役에 얽매였다. 거기다가 친정 길 또한 수백 km나 떨어진 하룻길의 시골이다 보니 친정나들이가 용이할 턱이 없었다.

그 시절, 여인들의 삶이란 남자에 비하면 참으로 가련하지 않을 수가 없었다. 생장했던 정든 땅과 부모동기를 이별하고 산천도 낯설고 권구眷口의 얼굴도 모르는 생소한 곳으로 시집간다는 것은 운명의 끈을 맺은 단 한 남자와의 인연 때문이다. 토질이 다른 땅에다 이식해 놓은 나무와 무엇이 다르랴. 오직 새 뿌리를 내릴 때까지는 스스로의 삶을 슬기롭게 개척해야 하지만, 그 뿌리를 내리기는 참으로 쉽지가 않았다. '고추당초 맵다한들 시집살이보다 더 매우랴.'라고 했듯이 쓸개는 다 빼내 던지고 눈물 콧물 짜내가며 푹 저린 파김치가 될 때까지 견뎌내지 않으면 안 되었다.

이런 고초들과 씨름하다보면 '그 집 며느리 잘 봤다.' 는 득명에 이르기도 한다. 이것은 곧 처절한 자기희생의 소산이다. 때로는 이처럼 가위눌릴 것 같은 인고의 세월이 응어리가 되어 생장지의 그리움이 더욱 북받치기도 했으리라. 휘영청 달 밝은 날이거나 도화행화 넘쳐 피는 춘삼월이며, 댓돌 밑에 귀뚜라미가 가을을 알리는 밤이라면 떠나온 산하와 두고 온 부모님이 더욱 목메어 그리운 것은 어느 여인인들 달랐겠는가. 이 사무침이 아침 안개처럼 피어오를지라도 오직 속으로 속으로만 삭히며 시부모님께 친정 한번 다녀오겠다는 말 한마디를 평상시에는 감히 꺼내 놓지 못하는 것이 그 시절 며느리들의 시집살이였다.

구름처럼 바람처럼 등, 집사람도 한 30년 가까이는 이와 비슷한 시집살이를 했다. 그러니 예외 없이 친정 길이 아득했겠지만, 특별한 행사 때만 다녀오는 것으로 만족할 수밖에 없었다. 그 기간도 하룻밤이 아니면 2박3일이 고작이었다. 감질나기 딱 알맞았으리라. 세월이 약이라던가, 웅성이던 가족들은 화살 같은 시간 앞에 시나브로 흩어지고 어느덧 우리 둘만 서녘하늘의 노을에 싸인 채 홋홋하게 남았을 뿐이다. 그러니 친정 가는 일은 식은 죽 먹기이다. 마치 지난날의 가슴앓이를 보상이라도 받듯이 말이다.

하지만 그 의미는 반감일 수밖에 없다. 흐르는 세월을 동여맬 수도 없으니 어느 부모님인들 기다려 주시겠는가. 부모가 계시지 않는 친정 길은 가을바람에 일렁이는 갈대밭을 거니는 심정이리라. 그렇지만 옛 뛰놀던 터전이야 전설처럼 가슴에 묻혀있을 터이니 어찌 그리 쉽게 잊혀지랴! 금빛 꿈을 수놓았던 소녀시절의 온갖 추억들이 황혼의 노안老顔을 알아보듯이 곳곳에서 머리를 들고 일어나 손짓 발짓 할 것이니 말이다. 그 정감은 청포도처럼 싱그러울 것임에 친정이 아니고서야 어디서 느껴 보겠는가. 가고 싶으면 가고 오도록 내버려 둘 뿐이다.

이번의 친정 걸음은 서울에서 치르는 종질녀 혼사에 참석하기 위해서였다. 그곳에도 친척이 많이 살고 있으니 어울리다 보면 2박3일쯤은 금방일 것이다. 설거지를 마쳐놓고 집사람에게 전화를 했다. 늘그막에 철이 든 때문이다. 아니나 다를까, "그렇잖아도 전화 할라카는 참인데, 붙들려 놀다보이 내리(내일)라야 가겠네요."란다. "그래 난 이미 다 알고 있다네. 아주 한 달쯤 푹 눌려 실컷 놀다오라." 고 꽈배기 대답으로 받아 넘겼더니 하하하 웃어대며 "그라머 잘됐

네. 당신 혼자 밥 해묵고 한 번 잘 살아보소." 라고 맞장구를 치는 것이다.

이튿날 저녁에야 돌아왔다. 들어서자마자 딸아이에게 책망을 들었다며 "고것 참, 즈그 아부지 혼자 나두고 안 온다고 얼마나 뭐라 카는지."라며 엄살을 떤다. 나는 그 말을 널름 받아 "그 아이 참 똑똑하네. 에비 괄시받는 것을 눈치 챈 것을 보니…." 어깃장을 놓으며 또 한 번 웃었다.

인연이 인연으로

따져보니 진성이씨 가문의 췌객이 된 지도 어언 반세기가 넘었다. 집사람과 약관의 청년기에 맺은 인연이 종심의 노령에 이르렀으니 참으로 긴 세월이 아닐 수 없다. 그 세월 동안 한 솥밥 먹고 한 방에 거처하며 희로애락의 동반자로 여태껏 살아왔으니 서로가 밑진 장사는 아니 한 것 같다. 아니 굳이 따진다면 내가 조금 남는 장사를 했다고 봐야 될 것 같다. 비록 그것이 부계 사회의 섭리이기는 하지만, 한 가문의 췌객이 된다는 것은 그 가문의 한 여인을 내 가문으로 데려오는 것을 의미함이니 남자 쪽이 남는 장사가 아니고 무엇이겠는가.

진성이씨와 비문鄙門 간에는 선조先祖 때부터 혼사가 있었다. 직조만 해도 두 분이 계신다. 퇴계선생의 숙부 송재 공(휘: 우)의 따님이 나의 15대고 위재 공(휘: 효연) 의 배위로 오셨다. 공과 종 남매간인 퇴계선생이 공의 사후에 비문을 찬갈撰碣하시기도 했다. 또 나의 6대조고 통덕랑 공(휘: 상구)의 배위는 의인에서 오셨다. 그런가하면

13대 조고이신 현조 문간공 지산 선생께서는 퇴계 선생의 문인이시다. 이처럼 상계上系부터 이어져 온 세의世誼의 인연들이 계기가 되어 우리 부부도 또 인연을 맺게 된 것이리라.

내가 이 가문의 췌객이 된 것은 군대의 졸병 시절인 1960년도 초였다. 집안의 한 어른이 전방의 부대에까지 찾아와 결혼 휴가 신청서를 접수시켜 놓고 가버렸으니 어쩔 도리가 없었다. 열흘간의 휴가가 떨어져 집에 내려왔지만, 혼처만 알 뿐, 마누라 될 사람의 사진 한 조각조차 못 본 상태였다. 처족들은 6·25 사변 직전에 여러 형제들과 함께 생리生利를 좇아 주흘산 밑의 문경으로 이주해 살고 있다는 얘기만 들었을 뿐이다. 혼인 하루 전날 초행길을 출발했다. 아침나절에 출발한 여객 버스는 안개 같은 먼지를 쉴새없이 뿜어내며 자갈길을 달렸다. 도선에 실려 낙동강을 건너고, 계곡을 감돌며 산마루를 오르내린 끝에 해질녘에야 처가 마을 인근 주막에 도착했다.

초례 시간이 내일 조조早朝이기 때문에 하룻밤을 묵기 위해서였다. 하지만 처가 쪽에서는 그게 아니었다. 모래(그 다음날)가 정일이라는 것이다. 나중에야 안 일이지만 연길(택일)은 신부 댁의 고유권한인데 생가 조부가 모레보다는 내일이 더 길일이라며 임의로 정정통지를 보내놓고는 무작정 밀어붙이기를 시도했던 모양이었다. 택일에 있어서는 자신만만했던 조부였지만, 장인도 누구든 자신의 실력을 따를 수 없다고 자신하는 데다 주도권을 쥐고 있는 처가 쪽이 신부를 내 세울 턱이 없었다. 이 게임은 원래부터 질 수밖에 없었다. 만약 역지사지라면 조부가 응당 승자가 되겠지만.

3일째 되던 날이었다. 해뜰 무렵에 입문하여 아침도 먹기 전에 초례를 치렀다. 초례시간이 매우 중요하기 때문이란다. 무슨 도깨비놀음 같았다. 신랑 방을 차고앉은 처족들은 첫날 아침부터 나를 못살게 굴었다. “영천 하도 상놈이 어찌 감히 안동 양반 처녀를 훔치러 왔느냐.”며 솔잎을 돌돌 말아서 얼굴을 콕콕 찔러댔다. 이런 입심과 완력에다 곤드레가 되도록 술을 퍼 먹였다. 술이야 둘째가라면 억울할 정도였으니 닥치는 대로 마셨다. 이 짓을 종일 당하다 보니 저녁에는 녹초가 되었다. 장모가 야화 상과 함께 원삼 차림의 신부를 데리고 들어와서 덕담의 술잔을 권하고는 나가셨다. 그 후에는 제정신이 아니었다.

잠결이었다. 바깥에서 “조서방요!”라며 반복해서 부르는 소리가 들렸다. 엉겁결에 대답을 했더니 “어째 사람을 그냥 두고 혼자만 자니껴?” 하지 않는가. 돌아보니 신부는 촛불을 마주한 채 처음 모습 그대로 목석처럼 앉아있다. 너무했나 싶었다. 계면쩍어서 “개도 몇 달만 키우면 잠자리는 찾는데 수십 년 키운 사람이 어찌 잠자리도 못 챙기능교?”라고 널름 받아 넘겼더니 한바탕 웃음소리가 터졌다. 벌떡 일어나 비녀를 뽑고, 불을 끄면서 치마 속 한 쪽 발의 버선을 잡아당겨 벗겨 주고는 또 그대로 자버렸다. 눈을 뜨니 아침이었다. 혼자뿐이었다. 첫날밤을 이 모양으로 보냈으니 신랑 꼴이 참으로 설익은 장아찌와 다를 바가 더 있었겠는가.

지금 생각해보니 아득한 한 토막의 추억일 뿐이다. 그렇게 엉겁결에 장가들어 얻은 마누라지만 쓸모는 괜찮았다. 7남매의 맏며느리로서 시부모에게 효도를 잊지 않았고 동기간의 우애와 현모양처에다 수고로운 정구지역도 감내하였으니 말이다. 뿐더러 대소가를 비롯한 한 소 가문의 주부역할에도 손색이 없었으니 참으로 고마운 아내가 아닐 수 없다. 이제 바라는 것은 건강을 잘 다스려 남은 세월을 즐겁게 사는 것뿐이다.

수담 놀이

바둑 두기의 다른 말을 수담手談이라고도 한다. 말씀 '담談'자를 '바둑 기碁'자와 같은 뜻으로 쓰기 때문이다.

이 기碁자와 같은 뜻으로 쓰이는 '바둑 기' 자가 따로 두 자(棋·棊)가 더 있기도 하다. 그럼에도 굳이 말씀 담談자에다 '바둑 담'의 뜻을 부여(병용)하여 '수담'이라고 하였다. 이로 미루어볼 때 이 놀이는 곧 서로 간에 손으로도 말을 주고받듯이 한다는 의미가 내포되어 있는 것 같다. 흔히들 바둑을 신선놀음이라 하였다. 옛 선비들은 이 놀이를 승패에 연연하지 않고 침묵으로 일관하면서 대화를 주고받는 것 이상의 우정을 나누었기 때문이리라. 바둑에 관한 고사故事에 보면 '이기면 마땅히 좋지만 저도 또한 즐겁다勝固欣然 敗亦可喜.'고 했으니 어찌 잡담의 평시 소일에 견줄 수가 있겠는가.

아마도 옛 선비들은 이처럼 승부에 대한 집착보다는 수양의 미덕을 더 우선시하며 즐겼던 것으로 여겨진다. 하지만 우리네들은 그보다는 승부에 더 열을 올리는 편이니 즐기는 방법이 전도된 셈이다.

현대의 프로 기사들은 옛 선비들의 바둑놀이와는 거리가 멀다. 이들은 바둑판이 놀이터가 아닌 전쟁터이다. 서로가 한정된 시간에 쫓기며 머릿속에 있는 모든 실력(묘수)을 다 짜내어 피를 말리는 승부의 접전에 몰입할 수밖에 없다. 그러니 전장의 병사처럼 재주껏 상대를 유인하거나 기만하여 허를 찔러 무너뜨리는 삭막하고 잔인한 전쟁놀이일 뿐이다.

이 놀이는 구담口談이 아닌 수담이라는 뜻이 말해 주듯이 정숙함이 전제되어야 한다. 프로 기사들의 대국 장면을 볼라치면 복기 장면을 제외하고는 단 한마디의 말도 주고받지를 아니한다. 물론 경기 진행 방식에 있어서도 엄격한 룰을 일탈하는 법이 없다. 이런 모습에서 볼 때 바둑은 결코 다른 어떤 오락보다도 고상하고 신사적이며 수준 높은 정신운동 놀이라고 아니할 수 없다. 하지만 우리네 아마추어들은 그 규범을 제대로 따르지 못한다. 더러는 승부의 집착으로 억지를 부리다가 언성을 높여 다투기도 하며, 또 어떤 이는 습관적으로 콧노래를 부르거나 흥얼거리기도 하여 다른 대국자들을 신경 쓰이게 만들 때도 있다.

이 바둑의 조화는 그 수가 참으로 오묘하고 무궁무진한 데 있다. 기자쟁선碁者爭先을 비롯한 위기십결圍碁十訣의 전술・전략이 있는가 하면, 재갈량의 지략과 손자의 병법이 다 이 안에 있다고 하지 않았는가. 또한 바둑의 역사가 참으로 유구함에도 여태껏 같은 모양의 판이 한 번도 짜인 적이 없으니 이 또한 천태만상의 자연과 같은 현상이다. 그렇다보니 그때마다 새로운 수가 전개되어 전세를 종잡을 수 없게 만드니 입신의 경지에 오른 프로의 고수들도 대국마다 정해진 시간에 쫓기며 전전긍긍하게 되는 것이다. 이에 비하면 아마추어 대국자들의 수읽기는 소꿉장난에 불과할 뿐이다.

이 속에는 인간들의 삶의 지혜와 철학이 숨어 있기도 하다. 그래서 자신을 비추어보는 거울이 되기도 한다. 오만은 절대 금물이다. 조금만 욕심을 부리거나 방심하다가는 상대방에게 난공불락의 성채城砦도 금방 역공을 당하여 여지없이 무너지고 만다. 그렇다고 해서 조심 일변도로 수비만 튼튼히 하다보면 영토 확장의 기회를 놓치게 되어 패할 수밖에 없다. 그러니 중용의 전략과 전술이 최상책이다. 하지만 인생행로의 어떤 기로에 서게 되었을 때 오랜 시간을 심사숙고해도 최선의 삶의 길을 선택하기란 쉽지 않듯이 바둑에 있어서도 마찬가지이다. 끊임없이 부닥치는 전황을 짧은 순간에 판단하여 그 나름의 전략과 전술을 짜내어 대응한다는 것은 참으로 쉬운 일이 아니다. 그래서 승패가 따르는 것이고 승패 뒤에는 희열과 아쉬움이 따르는 것이다. 우리네 인생사도 이와 다를 바가 없지 아니한가.

나의 바둑 실력은 겨우 소일할 정도에 불과하다. 그나마 그 덕분에 이런 저런 바둑 모임이 있어 이들과 어울려 일 주일에 두세 번씩은 친목을 겸한 수담을 한다. 기우들은 평소에도 서로 간에 워낙 무관한 터이다 보니 상대방에게 늘 자신이 한 수 위라고 풍을 치며 으스대는 것은 다반사이다. 그것도 모자라 대국 시에는 상대방을 수담과는 거리가 먼 구담으로 약을 올리거나 밑져도 본전이라는 듯이 요행을 바라며 다 굳혀진 남의 성채 안으로 뛰어 들어가 휘젓는 무례도 서슴지 않는다. 이런 일들은 본인의 성격과 연관이 있다. 그래서 바둑을 오래 두다보면 평소에 보이지 않던 그 사람의 내면을 알 수 있기도 하다.

그렇지만 그게 무슨 대수로운 일이랴, 서로가 막역한 사이에서 비롯된 일이니 이런 짓거리들이 오히려 상대에 대한 우정을 더 느끼게 하는지도 모를 일이다. 해질 무렵이면 일정액의 참가비를 갹출하여 기료를 지불하고는 인근 값싼 식당에 들러 후렴을 한다. 수담도 재미있지만 후렴의 구담도 그것 못지않게 즐겁다. 잡다한 세상사와 흘러간 인생사를 구담으로 엮으며 술잔을 기울이다보면 어느새 낭만의 바다에서 헤엄을 치게 된다. 그러니 이 수담놀이는 내 인생 늘그막의 활력소가 아닐 수 없다.

K은행 이 팀장

"우리에게 많은 기쁨을 주는 단어는 나눔·배려·양보입니다. 나눌 수 있는 한 주 되세요. K은행 이○○"

한 주를 시작하는 월요일 아침이면 어김없이 날아드는 한 통의 휴대전화 메일, 그 메시지들 중에 가장 최근에 받은 메일의 한 글귀였다. K은행을 거래하게 된 기간은 제법 된 듯하다. 거래 후 어느 날부터인가 이○○이라는 메일이 들어오기 시작했다. 처음 몇 주 동안은 새로 업무를 인수받은 한 직원의 의욕쯤으로 생각했다. 그랬기에 얼마간 이어지다가 끝날 것으로 여겨졌다. 그러나 그게 아니었다. 따져 보니 그렇게 시작된 것이 어느덧 3년여의 세월이 흐른 것 같다. 물론 발신자도 변함없는 동일인이다. 고객관리를 위한 인내력이 참으로 대단하지 않을 수 없었다.

나의 명의로 된 얼마 되지 않는 문중 공금이 있다. 그것을 어쩌다 보니 K은행에 맡기게 된 것이 인연이 되었다. 금융업계의 생리는 잘 모르지만, K은행에 나 정도의 예금을 한 고객의 수는 이루 헤아릴 수 없을 것이라고 생각된다. 이 거래자들에게 요일과 시간을 뜬금없이 맞추어 일일이 반복적으로 메일을 띄운다는 것은 아무리 기계처럼 숙달된 직원이라 하더라도 참으로 성가신 일이 아닐 수 없을 것이다. 비록 영리를 위한 홍보 차원이었을지라도 그 수고가 얼마나 뒤따랐으랴.

그 내용들은 주로 인간 생활에 대한 덕담이라든가 행복 추구에 관한 문구들이다. 때로는 성현이나 철학자들의 금언을 인용하는가 하면 계절의 변화에 따라 전개되는 맛깔스러운 자연의 이치를 곁들일 때도 있다. 간결한 문장 속에다 함축된 뜻을 담아내는 문장력도 수준급이지만, 그 많은 횟수를 거치면서도 항상 새로운 언어들을 선보인다는 점이다. 때문에 가끔은 언어의 향기에 매료된 적도 없지 않았다.

이 같은 서비스는 K은행의 영업 방침 때문이었는지 아니면 어느 성실한 창구 직원의 자의적 선택에서 비롯된 것인지는 확실히 알 수가 없다. 다만 생각건대 문장 가공만은 발신인의 몫이 확실할 것 같다. 발신인이 그때마다 다른 직원으로부터 가공된 문장을 건네받아 기계처럼 전송만 했을 턱은 만무하니 말이다. 그의 이러한 동기의 배경에는 항상 자아발전의 노력과 애사정신이 충만한 데다, 짧은 문장 속에 새로운 이미지의 글귀를 반복적으로 담아내는 문장 가공술을 겸비했기 때문에 가능했으리라.

어쨌든 끈질긴 그의 봉사 정신에 감명하여 몇 번 격려의 답신을 띄운 바도 있다. 이와 더불어 은행에 들를 기회가 닿는다면 그를 꼭 한번 찾아 격려의 말이라도 전하고 싶은 터였다. 그러던 어느 날 예금 계약 만기일이 도래하여 재계약차 은행을 방문할 수 있었다. 창구 여직원과 업무를 진행하면서 그에게 이○○ 직원이 누구냐고 물었더니 뜻밖에도 "이 팀장 말입니까?"라고 반문을 하면서 손짓으로 "저쪽 방입니다."라는 것이 아닌가. 요즈음 관공서에서도 과장을 팀장으로 개명했기에 은행에서도 그 수준으로 본다면 간부급 사원인 셈이다. 하지만 팀장 정도는 별실이 없는 것이 보통이다. 의아해서 다시 물었더니 수석팀장이란다. 차장 바로 아래 자리라는 것이다. 나는 속으로 아니 이런 간부 사원이 그처럼 봉사를 하다니? 그의 봉사가 더욱 돋보이지 않을 수가 없었다.

같이 온 총무에게 일을 맡겨 놓고는 곧바로 이 팀장 실을 찾았다. 격려가 아닌 인사차 방문이 된 셈이다. 30대 후반쯤으로 보이는 듬직한 체격의 여성이 나를 맞았다. 나는 그를 보자마자 '그처럼 정열을 쏟으니 이 나이에 더구나 여성으로서 여기까지 오를 수 있었구나' 싶은 생각이 들었다. 나의 자초지종의 심정을 늘어놓고는 노고의 인사를 드렸더니 다소곳이 반색을 한다. 차 한 잔을 대접받고는 되돌아 나오려는데 잠시만 기다리라는 것이다. 직감에 무슨 선물이라도 주려는 것 같았다. 곧바로 사양하고는 창구로 되돌아왔다. 그럼에도 그는 창구까지 따라 나와 기어이 선물 봉지를 두고 가는 것이다. 고액 예탁자가 못 되다 보니 처음 받아 보는 선물이었다.

얼마 전에 작고한 광동제약 창업자 최수부라는 분이 있다. 그의 학력은 초등학교 4학년이 전부였다. 그럼에도 성공 스토리를 일궈냈다. 그는 그의 자서전에서 "성공은 살아남는 자만의 몫이다"라고 할 만큼 상처투성이의 삶이었다. 그런 그가 성공할 수 있었던 비결은 오직 한 가지. 모든 고난을 운명으로 받아들이면서도 운명에 도전하는 투지와 남다른 노력, 그것이었다. 그는 "인생의 전장戰場에서 운명과 싸우다 보면 때로는 눈물을 흘릴지언정 결코 무릎을 꿇지 않는 사람만이 승리한다."고 했다.

최 창업주의 성공 스토리와 이 팀장의 성장 내력과 삶 자체는 전혀 딴판일 것 같으므로 비교할 수는 없을 것이다. 하지만 사람마다 자신에게 주어진 여건을 활용하여 소정의 목표를 달성하려는 부단한 노력을 한다면 그 결실의 대가는 비슷하다고 생각된다. 이로 미루어볼 때 이 팀장의 자아성취의 진면목이 이에 닮은 데가 있어 돋보이지 않을 수 없다. 결실은 노력하는 자에게만 주어지는 것이니 반드시 목표에 도달하게 될 것이다. 메일을 열 때마다 축원하리라.

선현을 뵈오며(1)

— 한훤당 김굉필

한복 치장으로 차를 모니 조금은 불편하다. 문경공 한훤당 김굉필 선생을 뵈러 가는 길이다. 통지문에 12시까지 입문하라고 명시되어 있다. 지정된 시간이 경과하면 입문을 허용하지 않는 것이 이 서원의 전례라고 들었다. 어물거리다보니 시간이 빠듯해서 제한 속도에 이르도록 달린다.

선생은 달성군 현풍면에 위치한 도동서원의 주향으로 봉안되어 있다. 점필재 김종직 선생의 문인으로서 무오사화에 연루되어 귀양살이를 당했으며, 갑자사화 때는 연산군의 생모인 성종 비 추숭을 반대하다가 향년 50세로 처형당한 분이다. 퇴계 이황 선생, 회재 이언적 선생 등과 함께 조선조 5현이라 일컫는다.

주차장에 차를 대니 시간이 알맞다. 낙동강을 서북쪽으로 바라보는 산자락에 자리 잡은 서원은 파고들듯이 흐르는 물길을 끌어안은 채 무심히 졸고 있다. 그 모습이 유유자적하고 위용스럽다. 서원 앞 광장에는 몇 아름이나 될지 가늠조차 어려운 은행나무가 세월의 무게를 이기느라 상처투성이가 된 채 서있다. 서원과 연륜을 같이 했기 때문이리라. 그 큰 몸뚱이는 배에다 시멘트를 가득 머금었고 전성했던 굵은 가지들은 시커먼 송장인 채 매달려 있다. 이 측은한 고목에서 살아남은 가지들은 저마다 보라는 듯이 연두색 잎사귀를 팔랑거리며 나비가 되어 날아 갈 준비를 하고 있다. 참으로 가관이 아닐 수 없다. 그 생명력이 잔인하리만치 끈질기니 말이다. 선생의 영혼이 함께하며 보살피기 때문일지도 모를 일이다.

유복을 갖춰 입고 경내로 들어서니 정당은 우람하고 고색창연하다. 대원군의 훼철령이 미치지 않았으니 그 연륜이 아득하지 아니한가. 서원은 조선시대의 정치이념인 성리학의 강학소였다. 때문에 전국에 670개소나 난립하여 폐단이 일게 되자 훼철을 단행했다. 이 때 훼철을 면한 곳은 명현을 모신 27개소에 불과했다. 이 중에 경상좌도(경북)의 서원이 8개소나 되니 이 지방 선현들의 위상을 가늠하고도 남을 일이다. 하지만 아이러니 하게도 성리학의 중심지인 영남지방의 선비들은 무오사화를 비롯한 4대 사화에 의하여 거의 결딴이 났다. 또 조선 중기 이후에는 이 지방 선비들의 성리학 이념이 노론들에게 철저히 짓밟힘으로써 제대로 빛을 보지도 못한 채 막을 내리고 말았다.

호랑이는 죽어서 가죽을 남기고 사람은 죽어서 이름을 남긴다고 하였지만, 대부분의 인간들은 부질없이 태어나 덧없이 살다가 바람 앞에 티끌처럼 사라질 뿐이다. 그러니 이름을 남기는 사람은 보석보다 귀한 존재가 아닐 수 없다. 인생사가 이러하니 한 인간으로 태어나 그 시대를 장식하는 위인이나 성현의 반열에 오른다는 것이 어찌 아득한 일이 아니랴. 때문에 후세인들은 이 분들의 학문과 덕행을 귀감으로 삼고자 문묘와 서원에 각각 봉안하고 천재千載에 이르도록 향화를 올려 그 혼령을 추모하는 것이리라.

12시가 되어 개좌를 하려는데 평 제관 한 분이 미도착했다. 길을 몰랐기 때문이란다. 다행히 돌려보내지는 않았다. 유사의 너그러움 때문인지 아니면 권위를 절제했는지 모를 일이다. 개좌 후에 수십 명의 모든 제관에게 향례 소임이 정해졌다. 집례자에게 분정(참례자들의 소임과 이름)기를 쓰라니 난감한 표정을 짓는다. 붓을 쥐어보지 않았다고 했다. 나더러 대행을 하라니 어쩔 수 없이 따랐다. 달아서 나의 소임인 축문도 썼다. 축문의 그 형식이 특이하여 축지에 맞추어 쓰기가 용이하지 않았지만, 다행히 유루가 없었다. 정당에 둘러앉은 헌관 및 모든 제관들 앞을 돌면서 감수를 받은 후에 끝이 났다. 비록 시답잖은 필력이지만 지금껏 여러 유소에서 대필 신세를 지지 않고 소임을 수행할 수 있었던 것은 나의 부득이한 소처所處 때문이리라.

오후에는 제수로 올릴 돼지를 감수하는 의례를 치렀다. 정당 서편에 통실한 돼지 한 마리가 묶여서 똘똘거리고 있다. 모든 제관이 빙 둘러선 다음 어느 한 소임자가 돼지 주위를 세 바퀴 돌면서 돌 때마다 세 헌관에게 각각 "충充"이라고 아뢰면 "돌腯"이라고 대답하는 의례이다. 즉 "돼지가 충실하냐?"고 물으면 "살쪘다."고 대답하는 것이다. 이 전통적인 예를 아직 그대로 시행하는 서원은 이곳 외에 도산서원과 옥산서원밖에 없을 것 같다. 식육점의 생육을 구입해도 될 일이지만, 5현 서원의 자존심 때문일 것이다.

축시(밤 한시)에 향사를 드렸다. 이 역시 해 뜰 무렵에 드리는 다른 서원들과는 달리 옛 그대로다. 진행을 인도하는 집례의 창홀 소리가 묘우에 울려 퍼지자 정전에 늘어 선 제관들은 그 소임을 따르기에 여념이 없다. 묘우 안에 들어가 위패를 여는 것은 축관인 나의 몫이다. 이윽고 초헌관이 제상 앞에 꿇어앉아 분향하고 신위 전에 잔을 올리니 나의 독축 차례다. 꿇어앉는 것은 기본자세이다. 경건함도 물론이다. 초성을 가다듬고 독축에 임하니 고결하신 선생의 자태를 홀연히 뵌 듯한 느낌이다. 독축 소리는 숙연한 공간으로 낭랑히 울려 퍼져 밤하늘로 날아간다. 선생의 혼령이 계신다면 마땅히 감응 흠향歆饗하시리라.

돌아오는 길에 가까이 있는 한훤당 종택을 찾아 종손에게 문안인사를 드렸다. 종손은 연세가 94세나 되지만 아직도 출입이 가능하시다. 접빈객에 대한 수인사의 예를 손수 챙기시며, 하직 인사 때는 대문 밖까지 따라 나와 하직을 하신다. 물러나올 때는 미성微誠의 폐백이나마 두고 나오는 것을 잊지 않았다.

선현을 뵈오며(2)

— 서애 류성룡

칼로 자른 듯한 단애의 병풍산은 온 몸을 부채처럼 활짝 편 채 낙동강 물줄기를 정지시켜 감싸 안고는 의연히 굽어본다. 협곡을 숨가쁘게 빠져나온 강물은 댐을 채워주고 평야를 살찌운 다음에 이제 병풍산 품에 안겨 조는 듯 흐르고 있다. 질주의 수고로움에 대한 보상이며 남은 여정을 대비한 숨 고름이리라. 이 태고의 풍광 속에 유서 깊은 병산서원이 우뚝이 마주하여 위풍당당하게 서있다. 서원과 풍광의 조화가 경이롭다. 유복儒服을 갖춘 후에 만대루晩對樓를 거쳐 입교당入敎堂 대청에 오르니 병풍산은 더욱 한눈에 들어온다. 과연 서원이 병풍에 싸인 듯하구나. 그러니 어찌 편액이 병산屛山이 아닐 수 있으랴!

병산서원은 영의정 문충공 서애 류성룡 선생을 주벽主壁으로 모신 훼철되지 아니한 사액賜額서원이다. 이 서원의 대축 망기大祝 望記를 받고 참례하게 된 것은 지난 춘향 때였다.

서애 선생은 이순신과 권율 두 장군을 발탁하여 7년 전쟁의 임진왜란을 승리로 이끈 천고에 빛나는 명재상이시다. 금년은 임진왜란이 일어난 지 420년이 되는 7갑년의 해다. 하여서 이번 춘향은 평소와는 달리 7갑년의 고유告由를 겸한 향사를 드린다는 것이다. 평년의 향사도 과분한데 7갑년의 행사에 참례하게 됨은 나로서는 우연한 행운이 아닐 수 없다.

그러자니 축문의 형식도 바뀔 수밖에 없었다. 망기와 함께 보내온 순 한문의 참고 예문例文을 보니 원 축문에다 근 300자에 가까운 고유문이 첨가되어 있었다. 축은 축관이 정당正堂이나 묘우廟宇뜰에서 헌관·집사들이 동석한 자리에서 쓰는 것이 관례다. 원 축문은 보통 30자 안팎으로 10분 정도면 쓸 수 있지만, 이 축문의 글자 수가 그것을 허용하지 아니한다. 예행삼아 써 보았더니 한 시간 10여분이나 소요되었으며, 독축 시간만도 5분이나 걸렸다. 현장에서 이대로 다 쓴다는 것은 행사 진행상 무리가 아닐까 싶었다. 고심 끝에 절충을 위해 원 축문 쓸 자리는 비워두고 고유문만 쓴 채 가져갔다.

입교당과 동서 재에는 유복 차림의 참례관들이 가득하다. 국란의 위기를 맞아 노심초사하시며 온갖 난관을 극복한 선생의 거룩하신 그 모습이 보이는 듯하고 그 숨결 또한 들리는 듯하다. 선생은 그 참혹했던 풍전등화의 왜란을 물리쳐 나라와 백성을 구해낸 혁혁한 공을 세웠음에도 "스스로를 징계하고 뒷날 환란이 없도록 조심한다."는 징비록懲毖錄을 후세에 남겼다. 그 서문序文에는 "나와 같이 보잘것없는 사람이 나라의 중대한 책임을 맡아서 위태로운 판국을 일으켜 세우지도 못했으니 그 죄는 용서받을 수 없을 것이다. 그럼에도 구차하게 생명을 이어가고 있으니 이것이 어찌 임금님의 은전이 아니겠는가."라고 썼다. 그 겸손하심이 가히 이 하늘 아래 또 있겠는가.

선생은 비鄙 선조先祖(휘 호익, 호 지산, 시호 문간)와 특별한 인연이 있기도 하다. 선생이 북방으로 피난길에 오른 임금(선조)을 호종扈從하실 때였다. 비 선조는 이 때 경상도사의 모함으로 평안도 강동에서 15년 동안 귀양살이 중이었다. 임금이 평양에 도착했다는 소식을 듣고 곧 행재소行在所로 나아가 선생과 임금을 배알하매, 선생이 비 선조의 그간의 일들을 진언進言하자 주저 없이 사면하여 의금부 도사에 제수하시었다. 이를 계기로 비 선조는 강동에서 의병을 모아 외적을 크게 무찔러 평양성을 탈환하는 데 일조했음은 물론, 퇴각하는 왜적을 쫓아 추격하는 등 많은 전공을 세움으로써 임란 1등 공신에 녹훈되었다.

오후 네시경에 개좌하였다. 헌관과 집사의 분정을 끝낸 후 서축書祝방법을 논의하자 나의 의견이 그대로 채택되었다. 곧바로 초헌관을 모시고 존덕사尊德祠:묘우의 서문 뜰 위에 꿇어앉아 미리 써온 고유문의 축지 여백에 원 축문만 쓰니 금방 끝이 났다. 다행이었다. 이날따라 찬 기온이 아직 초봄답지 않게 엄습해와 연로한 초헌관은 물론, 주위에 함께 했던 집사들조차도 잔뜩 웅크리고 있었다. 날씨 때문에 집례도 갑작스레 교체되었다. 서애 선생 후예인 그 분은 열흘 전에 위암 수술을 받았음에도 현조의 귀중한 향례 소임을 놓칠 수가 없어 왔다고 했다. 하지만 행사 날 아침에는 영하로 떨어진다는 일기예보를 듣고는 모두가 설득했다. 그 끝에 아쉬움을 간직한 채 귀가했다.

일기예보는 정확했다. 향사 날 아침 묘우 앞에 갖다놓은 세수용 관수盥水에 살얼음이 내렸다. 제관 모두가 발이 시려 끙끙댈 수밖에 없었다. 그러나 행사는 고례에 따라 차질 없이 진행되었다. 이윽고 독축 차례다. 목청을 가다듬고 독축을 시작했다. 반 천년의 과거로 시간을 되돌렸다. 독축 소리도 함께 따라간다. 평생 우국충정으로 일관하신 선생이 신위에 내려와 앉아 계신다. 고유문은 평상 축문과는 별도로 구국의 위대하신 업적을 쌓은 임진 7갑년을 다시 상기하고 아뢰려는 것이다. 이 어찌 뜻 깊지 아니하랴!

유루가 없어 다행이었다. 한정된 지면 때문에 고유문의 깊은 뜻을 실을 수는 없지만, 한마디로 선생의 나라와 백성을 구한 훌륭하신 치적과 높은 덕행을 기리며, 이에 "청결한 제물과 향기로운 술을 진설하여 삼가 올리니 흠향歆饗하소서."라는 뜻이다. 읍하여 생각하니 비 선조에게 베푸신 선생의 은혜 또한 되새겨져 더욱 감개가 무량하였다. 응당 혼령이 계실 터이니 이러한 나의 심장深長한 독축 소리를 감흥하시고 더욱 흔쾌히 흠향하시리라.

선현을 뵈오며(3)

— 한강 정구

회연서원은 성주 고령간의 국도를 끼고 흐르는 가천교와 인접한 곳에 있다. 계절이 초가을로 접어들었음에도 서원 안팎으로는 아름드리 느티나무와 은행나무가 한여름처럼 싱그럽다. 냇물과 숲이 한데 어우러져 우람한 문화재를 품속에 안고 있으니 그 운치가 수려해 유람지 같은 느낌이다.

이처럼 좋은 위치에 자리한 회연서원은 문목공 한강 정구 선생을 주향으로, 문인 석담 이윤우 선생을 배향으로 모신 사액서원이다. 또 별 묘에는 한강 선생의 처족 제자 여러분이 봉안되어 있다. 선생은 그 재주가 뛰어나 8세 때 이미 신동이라는 명성을 얻었으며, 퇴계 이황 선생·남명 조식 선생·덕계 오건 선생 등 3현의 문인이기도 하다. 여러 지역의 부사를 거쳐 대사헌의 벼슬에 올랐으며, 임란 때는 의병을 일으켜 많은 전공을 세우기도 했다. 특히 학문이 뛰어나 주역·의서·병서·풍수·가례 등 많은 저술을 남기신 분이다.

명현의 위패가 봉안된 이 서원의 추향에 대축 망기를 받고 그 소임을 봉행하게 되니 사뭇 감회가 깊다. 한강 선생은 비문鄙門의 현조이신 문간공 지산 선생과는 특별한 인연이 있기도 하다. 지산 선생이 평안도 강동에서 15년여 동안 귀양살이 중이실 때 평안도 성천부사로 부임하심에 두 분은 이를 계기로 학문을 토론하고 정분을 쌓았다. 임란이 발발하자 지산선생은 귀양살이에서 풀려나 그곳에서 창의하여 전공을 세운 후 영천 지산 촌에 은거하시자 한강 선생의 장자(휘: 장)가 선생의 문하생이 되었다. 지산 선생이 와병 중일 때는 한강 선생이 약재를 보내기도 했는데, 그 감사의 답신을 비롯한 여러 통의 서간 기록들이 남아있다. 두 분의 이런 연분 때문에 성천의 학령서원에 위패가 함께 봉안되기도 했다.

유복儒服을 갖춘 후에 서원 동문을 들어서니 정당과 서편 방에는 낯익은 제관들의 모습이 보인다. 원院 유사의 소임을 맡고 있는 정건용 씨 등 청주 정씨 본 손들을 비롯하여 대구에서 온 한강 선생의 처가 후손인 L씨도 눈에 들어온다. 정건용 씨는 성주 유림의 명망가로서 전 박약회 성주 지회장을 역임하기도 했다. 그는 회연서원의 운영은 물론 향사 의례와 접빈객에 있어서도 남다른 수고를 하는 것 같았다. L씨는 삼남지역의 백일장에서 여러 번 장원을 한 바 있는 한시漢詩 대가로서, 나의 가까운 외우畏友이기도 하다. 그는 한강 선생과의 선대의 연분으로 인해 매년 향사 때마다 참석하는 모양이다.

이번 향사에 추천된 세분의 헌관은 모두가 문자시호文字諡號를 받은 명문가 출신의 현주賢胄들인 것이 특징이었다. 초헌관은 서애 류성룡 선생의 종손 류영하 씨이며, 아헌관은 학봉 김성일 선생의 종손 김종길 씨, 그리고 종헌관에는 귀암 이원정 선생의 종손 이필주 씨였다. 하지만 초헌관은 감환으로 불참한다는 사실을 오늘 오전에 알려옴으로써 부득이 평 제관 중 가장 연장자(82세)인 한강 선생 처가 종손으로 대체하는 법석을 떨었다. 다른 문제도 생겼다. 아헌관과 종헌관의 연치가 갓 70 전후에 불과한데 별 묘의 분헌관의 연치가 80이 넘었기 때문이다. 대축이나 집례도 마찬가지로 이들보다 나이가 위였다. 이런 경우는 오현五賢을 주벽으로 봉안한 서원일지라도 볼 수 없었던 일이다. 한 가문 내의 상례와 제례 등의 소임은 항고년장行高年長, 즉 항렬을 우선하여 정하지만, 유림의 행사인 헌관을 비롯한 집사 분정은 연치만 고려하여 정하는 것이 원칙이다. 단 시장이나 군수 등 현관現官의 참례 때는 예외(우선)로 하는 관습이 있다. 이런 전례가 있다 보니 종헌관도 80세 전후가 되어야 소임이 돌아오는 것이 보통이다.

경남 합천에 거주하는 별 묘의 헌관이 이 사실을 알고는 다짜고짜 되돌아가겠다고 자리를 박차고 나가는 것이 아닌가. 난처한 일이 아닐 수 없었다. 그 분은 "본 묘本 廟의 헌관을 배려하려면 별 묘의 헌관도 그 연령대에 맞는 수준으로 추천해야 옳다."는 뜻이었다. 주위의 만류로 겨우 수습이 되기는 했지만, 나 역시 그 분의 입장과 같기 때문이기도 하고 관습도 그러하니 그 말에 공감할 수밖에 없었다. 하지만 잠자코 있었다. 그것이 나의 처신에 맞는 도리일 것 같기 때문이었다.

저녁나절에 정당에서 개좌하여 헌관 등 집사 분정을 모두 마치고 축문을 썼다. 이 역시 아쉬움이 없지 않았다. 축지는 옳은 한지가 아니었고 필묵 역시 새것이 준비되지 않았다. 명현을 봉안한 서원은 거의가 새 필묵을 준비하여 사용한 후에는 축관에게 기념으로 건네주는 것이 통례인데 그렇지 못했다. 그러나 내가 이 일을 왈가왈부할 입장은 아닐 것이다. 전날의 개운찮은 일들을 뒤로하고 행사는 익일 아침 일찍 진행되었다. 별묘까지 마치니 시간이 꾀 걸렸으나 각 소임자들이 유루가 없어 행사 마무리를 잘했다.

모든 단체와 조직의 행사에는 법령이든 관습이든 그 나름의 룰이 있다. 이것이 그에 벗어나거나 성실하지 못하게 되면 성과가 반감될 수밖에 없다. 유림 행사도 예외가 아니니 심사숙고가 필요하리라. 이번 회연서원의 임사는 또 다른 경험으로 남을 것 같다.

5
삶에 웃음이 섞인다면

라면에 계란 넣어 팔 듯이

집사람이 오래 전부터 만성 관절염 때문에 병원을 드나들고 있다. 그 모습이 안쓰럽던 터였는데 나 또한 뒤를 따르게 되었다. 얼마 전부터 계단을 오를 때면 한쪽 무릎의 접시뼈가 조금씩 새큰거리기 때문이다. 세월의 무게 때문이니 어쩌겠는가. 선배 격인 집사람에게 물었더니 환부에 연골 주사를 맞아 두라는 것이다. 그날따라 치료를 간다기에 주저 없이 따라 나섰다. 주위의 한 친구가 수술까지 받았음에도 제대로 걷지 못하는 것을 본 것도 한 자극제였다.

집사람의 단골 병원이었다. 50대 초반쯤으로 보이는 병원장은 연골 주사를 일주일 간격으로 5회 정도 맞아야 된다고 했다. 1회 투약비를 물었더니 1만 2천 원이란다. 그 날 두 사람의 치료비는 5만여 원이었다. 집사람의 치료내역을 모르기에 나의 의료비 역시 얼마가 포함돼 있는지 알 수가 없었다. 일주일 후, 혼자 가서 두 번째 투약을 마치고 계산서를 받았다. 어쩐지 지난주에 말한 투약비와는 달랐다. 2만 원을 청구하는 것이 아닌가. 간호사에게 그 이유를 물었더니 제통제도 함께 투여했다는 것이다. 이로 미루어볼 때 초진 때도 연골 주사와는 별도로 제통제를 투여했을 것 같았다. 조금은 불쾌했다. 내가 통증이 있는 것도 아닌데다 하등의 동의도 없었기 때문이다.

간호사에게 그 연유를 물었더니 연골치료 환자들은 다 그렇게 한다는 것이다. 그 말이 더욱 불쾌했다. 조금은 악센트를 높여 "통증도 없는 환자에게 왜 제통제가 필요한가?"라며 재차 반문을 했더니, 더는 대답이 없었다. 다분히 의도적이라고 여겨졌다. 결제카드를 내밀면서 제통비는 계산에서 빼라고 했다. 그 찰나였다. 이 광경을 보고 있던 원장이 나타나서는

"왜 언성을 높입니까? 식당에서 라면만 끓여 팔 때는 계란이라도 하나 넣어야 하지 않겠습니까."

아연실색할 지경이었다. 병원도 상업성을 배제할 수는 없지만, 전문 지성인이 베푸는 인술의 공간이 아닌가. 게다가 얼핏 보아도 환자들의 들락거림이 심심찮아 보이거늘 라면 파는 영세식당에 비견한다는 것은 품격조차 잃어버린 3류 코미디 같은 언사가 아닐 수 없었다. 환자들은 의사들의 전문성 때문에 그들의 처방에 순종할 수밖에 없다. 그 약점을 노려 환자들에게 진료비를 덤터기 하는 것이 아닌가. 특히 종합병원의 진료가 그렇다는 이야기를 가끔 들은 적이 있다. 어느 한 부위를 검사 받으려면 완벽한 검사를 한답시고 각종 의료장비를 동원하여 전신을 검사하는 과잉 진료 같은 것이 그것이다.

이와는 좀 다르지만, 어느 땐가 잇몸의 한 부위가 염증으로 인한 통증이 심해 모 대학 부속병원에 간 적이 있다. 초입부터 동네 병원과는 달리 만 수천 원의 접수비를 지불해야 했다. 두 시간을 넘게 기다린 끝에야 차례가 돌아왔다. 인턴의 초진을 거쳐 이 전체의 X

선 사진을 찍고는 또 한 시간을 넘게 기다렸다. 그 끝에 인턴과 똑같은 의사의 문진을 받고서는 처방이 나왔다. 보름 후에 수술을 받으러 오라는 것이다. 참으로 어처구니없었다. 생일날 잘 먹기 위해 이레를 굶으라는 것과 무엇이 다르랴. 접수비를 포함하여 4만 원을 날리고는 되돌아 나와 곧장 동네 치과에 들러 단돈 8천 원에 금방수술을 끝낼 수 있었다. 종합병원을 찾은 것이 바보짓이었지만 갑의 오만한 횡포라고 아니할 수 없다.

군색한 식당에 비유하는 병원장의 부도덕한 경영 행태도 갑의 오만함에서 비롯된 것이 아니고 무엇이랴. 의료보험 이후 경영이 어려운 병원이 많아졌다고 한다. 이 때문에 과장 광고에다 과잉진료가 근절되지 않는지도 모른다. 보험료를 챙기기 위한 가짜 환자 유치도 끊이지 아니한다. 이런 행위는 부도덕을 넘어선 불법 비리행위이다. 의료사고 때문에 곤욕을 치르는 병원도 더러는 있지만, 대개 사고를 밝혀낼 수 있는 환자 측의 전문성이 부족하기 때문에 그것을 꿰뚫어보는 갑의 재간을 당해낼 수 없는 것이 을의 현실이다.

어쨌거나 전 국민의 수명이 연장되고 있는 것은 인술의 의료혜택 덕분이다. 하지만 환자들에게 라면에 계란 넣기 식의 덤터기 진료행위는 유치한 인술이 아닐 수 없다.

삶에 웃음이 섞인다면

어느 신혼부부가 경운기를 타고 신혼여행을 떠났다. 형편 때문이었다. 해인사 아래서 일박을 하고 돌아오는 길에 경운기를 숨겨놓고는 택시를 타고 처가에 도착했다. 장모는 사위를 맞으며 "아이고 권 서방, 고생 많았제?" 이 말을 들은 사위는 "장모님요 택시타고 댕기는 여행인데 뭐 고생할 끼 있어예." 라며 넙죽 받아 넘기니, 장모는 측은지심을 감추지 못한 채 "이 사람아 자네 경운기 타고 신혼여행 갔다 카는 거 다 알고 있데이." 사위는 그만 말문이 막혀버렸다. MBC 라디오 프로인 강석과 김혜영의 싱글벙글 쇼에서 소개하는 투고자 편지의 한 토막이다. 나는 그만 박장대소하고 말았다.

일상을 웃음이 섞인 사회에서 살아간다는 것은 사회가 그만큼 안정되고 건강해야만 가능한 일이다. 웃음은 인간의 삶을 여유롭게 만드는 가장 숭고한 표현이다. 소문만복래笑門萬福來라고 하지 않았던가. 우리들에게 온갖 복을 가져다주는 도깨비방망이나 다름없다. 인간에게 이 웃음이라는 기능이 존재하지 않았다면 동물들처럼 삶이 단조로울 것이며 만물의 영장이라는 의미도 그만큼 퇴색할 것이다.

웃음은 기쁨과 즐거움을 창조하는 산파이며 에너지를 발산하는 촉매제이다. 운동이 육체적 다이어트라면 웃음은 정신적 다이어트다. 일상의 떼를 씻어내는 청량제이며 삶의 산소를 만드는 숲이다. 어디 그뿐인가, 사막의 오아시스이며 고독을 물리치는 파수꾼이다. 현실을 긍정하는 낙천자이며 화목과 인애의 선구자이다. 여유로움의 반려자이며 낭만의 동반자이다. 이처럼 웃음은 조물주가 오직 인간에게만 내린 크나큰 선물이니 어찌 축복이 아니랴. 하지만 인간들은 일상의 현실에 노예가 될 수밖에 없다보니 웃음을 망각할 때가 많다. 그로 인해 감정이 메마르게 되어 때로는 가족끼리, 때로는 이웃끼리 골이 깊어지고 사회 간에 갈등을 낳기도 한다.

웃음에도 종류가 많다. 너무 즐거워서 크게 웃는 폭소, 파안대소, 홍연대소哄然大笑, 가가대소呵呵大笑가 있는가하면, 손뼉을 치며 웃는 박장대소, 배를 끌어안고 꼬꾸라지듯 웃는 포복절도抱腹絶倒, 하늘을 우러러보며 웃는 앙천대소仰天大笑에다 호방하게 웃는 너털웃음도 있다. 웃음 중에도 으뜸가는 웃음을 꼽으라면 아마도 소리 없이 방긋 웃는 미소일 것이다. 이 미소 속에는 정화수를 길어 올리는 샘물에 파란 하늘이 떠있는 듯한 청량함과 순수함이 녹아있다. 가족 간의 미소에는 사랑이, 부부 간의 미소에는 신뢰가, 이웃 간의 미소에는 인정이, 연인끼리의 미소에는 연정이, 친구끼리의 미소에는 우정이 녹아있을 것이니 말이다.

웃으면 젊어진다一笑一少는 속담이 내려오듯이, 현대 의학에서도 웃음이 인간의 건강에 많은 영향을 미친다는 결과를 밝힌 지가 오래이다. 엔도르핀이라는 물질이 분비되어 체내에 산소를 공급하고

혈액 순환을 원활하게 하여 심장질환과 심근경색증을 예방한다는 것이다. 또 어느 TV에서는 머리에서 발산된 에너지를 선풍기 선에 연결하여 그것을 돌게 하는 시연을 보여주기도 했다.

왕년의 한 TV의 코미디 프로였던 '일요일 밤의 대행진'은 코미디계의 원조격인 구봉서·배삼룡을 비롯하여 인기 코미디언들이 총출연하여 시청자들을 사로잡았다. 이 프로의 방영시간 대에는 거리에 행인들이 뜸할 정도였다. 서민들의 삶에 웃음을 섞어 주었던 참으로 값진 프로였다고 생각된다. 웃음의 객체도 즐겁지만 주체가 된다면 더욱 즐겁다. 몇 마디의 농담으로 좌중을 휘어잡는 재담꾼에게는 흔히 있는 일이다. 나는 그런 재주는 별로 없다. 다만 장난을 좋아해서 성장기에는 꽤나 말썽꾸러기였다. 이로 인해 마을 사람들에게 두고두고 회자되는 웃음보따리의 주인공이 되기도 했다.

어느 날 한문 공부를 하는 동료 집 앞을 지나다보니 사랑에서 글 읽는 소리가 들렸다. 한낮에 공부할 아이가 아닌데도 말이다. 골려주기로 했다. 같이 있던 동료와 나는 고양이처럼 살금살금 사랑방의 양편 문 옆에 다가가 동시에 벽력같은 소리를 냅다 지르며 문을 확 열어젖혔다. 그 때였다. 담뱃대를 빼문 채 목침을 베고 누워있던 그의 아버지가 혼비백산하듯이 공중으로 튀어 올랐다. 뜻밖의 사태에 기절초풍하여 멍하니 서 있었다. 그러다가 "걸음아 날 살려라."며 사립 쪽으로 튀는데, 발뒤축에 목침이 사정없이 날아왔다. 처음에는 하도 어처구니가 없어 웃음도 나지 않더니만 조금 있으니 배꼽이 빠질 지경이었다. 말똥이 굴러도 웃음이 난다는 사춘기 시절에 저질렀던 한 토막 추억을 더듬어 본 것이다.

세파의 벽에 부딪치며 살아온 연륜이 어깨에 내려앉으면서 그

웃음도 점차 앗아가 버린 모양이다. 젊은이들이 파안대소하는 개그 콘서트를 보아도 통 웃음이 나지 않으니 웃음마저 나이와 반비례하는 것인가. 오늘 따라 소나기 쏟아지듯 웃음 한번 터졌으면 좋겠다.

출구 소동

선거 때마다 미리 당락의 예측을 한답시고 유권자들에게 출구 조사를 하느라 법석을 떠는가하면, 경제회생을 위한 출구전략이란 용어까지 등장하기도 했다. 이것으로 미루어볼 때 출구 기능은 인간들의 삶에 있어서 매우 중요한 역할을 하는 것 같다.

건강에 있어서도 출구 기능은 예외가 아니다. 즉 배설 기능이 출구 기능이다. 잘 먹고 잘 자고 잘 배설한다면 그것이 바로 건강의 증표라고 하지 않았던가. 이 출구 기능은 단순히 배설을 담당하고 있는 부위에만 국한되는 것이 아닌, 배설에 이르기까지의 흡수, 소화 등을 포함한 삼초三焦기능을 함께 의미하는 것이라고 생각된다. 이런 기능들이 모두 원활하게 작동된다면 건강에는 별 이상이 없다고 해도 될 것이다. 하지만 나는 오래 전에 배설기능의 출구 소동을 한 번 벌인 바가 있다.

만약 우리 생활공간에 설치된 하수도가 제대로 작동되지 않는다면 어떻게 되겠는가? 상수도가 아무리 정상으로 가동된다 하더라도 체증하는 오물의 악취와 더불어 불결한 환경으로 인한 병마가 창궐하여 도저히 정상적인 생활을 할 수 없을 것이다. 마찬가지로 인체의 찌꺼기를 배출하는 하수구인 소 출구와 대 출구의 기능에 이상이 생겼다면 그 고통과 불편이 이와 별반 다를 바가 없을 것이다.

배출구 중에도 소 출구는 남성의 경우 전립선의 비대로 60대는 60%, 70대는 70%의 기능이 떨어진다는 통계가 나와 있으니 나라고 해서 예외일 수가 있겠는가. 이 소 출구 기능을 개선해 보고자 광고에서 선전하는 치료기구와 식용 약품은 물론, 민간요법까지 다 동원하여 치료해 보았다. 원래 병이란 경중 간에 천방만약이 아니던가. 그럼에도 별 효험을 보지 못하여 결국 의료보험의 처방약에만 의존하고 있다. 주위에 수술을 받은 한 친구도 있지만, 그 역시 완전치가 않다고 했다. 완벽한 치료방법은 없는 모양이다. 이 기능을 젊은 시절처럼 완전히 회복시켜보고자 했던 나의 주제넘은 과욕이 문제였던 것 같다.

대 출구는 30대 후반에 벌써 이상이 생겨 무척 고생하던 끝에 수술을 받았다. 같은 직장 동료로부터 소개받은, 속된 말로 돌팔이라고 하는 무면허 의사를 통해서였다. 치료 도구라야 주사기 하나가 전부였다. 이윽고 수술이 시작되었다. 가슴을 두근거리며, 그가 시키는 대로 머리를 방바닥에 처박은 채 엉덩이를 까발려 쳐들고 있는 상태에서였다. 그 순간 대 출구 입구의 환부에다 주사 바늘을 서슴없이 찔러버리는 것이다. "아차! 이게 웬 일인가." 비명이 절로 터져 나왔다. 자세조차 가눌 수가 없었다. 마치 벌겋게 단 쇠꼬챙이를 환부에 콱 찌르는 느낌이었다. 무슨 알 수 없는 독약을 투입하여 제거하는 모양이었다. 후회가 목구멍까지 치솟았다. 그렇지만 어찌하랴, 의료보험도 없던 그 시절, 말단직이었던 나로서는 수술비가 싸다는 동료의 말이 솔깃하여 주저 없이 선택한 끝에 얻은 업보이니 누구를 탓할 수도 없는 노릇이었다.

이제 와서 생각해보니 겁 없던 젊음의 기백이 치료비 절감에 그나마 기여했던 것 같다. 어쨌거나 그때 겪은 한 번의 고통은 좀 지나쳤지만, 2주쯤 지나니 둘러빠진 환부에 차츰 새살이 돋아나며 깨끗이 완치되었다. 그 후 한 30여 년이 지나기까지는 잘 지내왔다. 그런데 근년에 들어서 또 다시 조금씩 이상이 느껴지는가 싶더니 어느새 그 정도가 심해져서 고통과 불편함을 견디기가 힘들기에 이르렀다.

벼르던 끝에 어느 날 소위 항(항)문 외과라는 한 병원을 찾아가 곧 바로 수술을 받게 되었다. 무통 수술에다 2주만 지나면 완치된다는 원장의 말에 유인되었기 때문이었다. 그러나 어찌된 영문인지 한 달이 넘어도 완치는커녕 배변 때면 심한 통증과 함께 혈변 현상도 나타났다. 덜컥 겁이 나서 원장을 찾아가 수술이 잘못된 것이 아니냐며 재검을 받았더니 치열이라며 또 수술을 해야 된다는 것이었다.

치열은 또 무엇이란 말인가? 그 원인은 알 수 없지만, 항문 내부에 염증이 생겨 헐어 있다는 것이다. 달리 도리가 없어 또 수술을 받았다. 이 수술 때는 옛날의 돌팔이 의사를 연상케 할 만큼 통증이 심했다. 그래서 나도 모르게 "아이고 사람 잡네."라는 넋두리가 나와 버렸다. 원장은 이 말이 매우 언짢고 불쾌했던지 수술 손을 멈춘 채 나를 노려보며 "그럼 내가 사람 잡는 의사란 말이오?"라며 정색을 하여 말꼬리를 잡는 것이 아닌가. 이 어이없는 항의에 나는 면목 없는 처지가 되어 이내 사과를 하는 해프닝이 벌어지기도 했다. 그 원장님의 도량도 밴댕이 속이나 다를 바 없었다. 몇 달 간 치료를 받아야 된다기에 느긋하게 마음을 먹고 고통을 견디기는 했지만, 그 기간이 무려 6개월이 넘게 걸린 것 같다.

아무튼 작금양년에는 출구 때문에 꽤나 고생을 했다. 소 출구야 어쩔 수 없지만, 대 출구는 그나마 완전히 수리가 되었으니 다행인 셈이다. 기계라도 오래 쓰면 부속을 갈아 넣어야 하거늘, 아무리 신묘한 인체 구조라 할지라도 나이가 들면 정도의 차이일 뿐이지, 낡고 병들지 아니하는 곳이 어디 있으랴. 그러니 출구 소동도 그쯤으로 여기고 감수해야겠다.

수염 대접

수염은 조물주가 내린 남성 외견의 심벌이다. 남녀의 성性을 분별할 수 있는 부위는 몸속에 내밀히 숨겨져 있으므로 평상시 그것으로 구분한다는 것은 사실상 불가능한 일이다. 만약 성장기 이후에도 양 성이 다 같이 수염이 있다거나 혹은 그 반대라고 가정해보라. 성을 변장하거나 위장하여 저지르는 범죄는 물론, 그로 인한 갖가지 사회적 혼란이 야기될 것이다. 조물주는 이 병폐를 예측하고 세심한 궁리 끝에 빚어낸 것이 다름 아닌 남성에게만 내린 수염이라고 여겨진다.

남성은 여성보다 몸집과 힘이 우월하다. 거기에다 수염을 내려줌으로써 얼굴의 천연적인 장식과 위풍의 효과를 덤으로 얻었다. 이런 현상은 짐승들에게도 있다. 예컨대 수사자의 갈기라든가, 공작, 꿩 등의 깃털처럼 수컷이 훨씬 더 화려한 장식을 하고 있다. 이런 동물들은 모두가 수컷들이 몸집도 크고 힘이 세어 암컷들을 지배한다. 인간(남성)들도 그 우월성을 악용하여 여성들을 지배하거나 군림하는 경우가 많았다. 근세에 들어서는 양성 평등이라는 인권 장치 때문에 많이 개선되었지만, 아직도 특정 종교라든가 특정 국가들은 그 관습을 완전히 버리지 못하고 있다. 조물주의 배려를 남용하고 있는 셈이다.

'수염이 대 자라도 먹어야 양반'이라는 속담이 있다. 이는 필경 수염의 형태를 통해 신분과 품위를 가늠했다는 선조들의 증거이다. 그 시절에는 우아하게 잘 자란 은빛 수염에다 장죽을 빼물었다면 그는 영락없이 양반이거나 지체 높은 신분이다. 염소수염이거나 범털수염이라면 그 축에 끼일 수가 없다. 사극 출연자의 분장을 봐도 꼭 그렇다. 간신이나 아전의 수염은 다문다문, 갓 돋아난 실파 같거나 염소수염 같으며, 장수나 임꺽정 같은 신분의 수염은 억새처럼 엉킨 범털수염이니 말이다. 그러니 수염의 풍모를 잘 타고 난다면 대접받을 수 있는 사회였던 것 같기도 하다.

그렇던 수염이 개화 바람에 서서히 잘려 나가고 말았다. 요즘에는 지리산 훈장이나 도사가 고작이고, 연예인들이거나 제멋에 겨운 사람들이 코믹하게 기르는 경우가 간혹 보일 뿐이다. 이런 사람들은 어쨌든 옛 사람들처럼 수염을 남성의 장식품으로 여기거나 자신의 캐릭터로 활용하고 있으니 조물주 본래의 뜻대로 대접하고 있는 셈이다. 하지만 나머지 절대 다수는 그것을 깡그리 팽개치고 말았다. 어찌하여 그 위풍스런 남성 본래의 심벌을 스스로 포기하였다는 말인가?

주위에 가까운 지인이 있다. 그는 폭설을 뒤집어쓰듯 한 순백의 머리카락을 그대로 이고 다닌다. 그런 그가 어느 날부턴가 수염을 기르기 시작했다. 수염도 역시 백발이었다. 그의 변모를 의아해 하는 동료들의 질문에 "오래 전부터 기르려고 했던 뜻을 실천에 옮겼을 뿐"이라며, 평생 불변의 각오가 실린 듯한 답변을 했다. 몇 달이 지나자 드디어 구레나룻을 비롯한 풍성한 턱수염이 은빛으로 꽉 어울려 옛날의 양반 풍채와 흡사했다. 나는 마치 그의 속내를 읽은 것처럼 "옳지 저 멋을 부리고 싶어서 그랬군." 싶었다. 그랬는데 이게 어찌된 일인가? 작심 3일이 되고 말았다. 어느 날 느닷없이 홀딱 밀어버리고 나타나지 않는가. 또 그 이유를 물었더니 "마누라가 '늙어 보인다며 깐작거려 사서 깎아버렸다."고 했다. 배꼽을 잡고 한바탕 웃을 수밖에.

부인과 사별한 지 얼마 안 된 또 다른 어느 노인의 이야기이다. 자신보다 제법 젊은 50대 초반의 여인을 맞이했기 때문이었다. 상당한 폐백 전幣帛 錢을 건넨 후에 모셔(?)왔는데, 그 멋나게 길러놓은 양반 수염이 사랑을 나눌 때 불편하고 거슬린다며 투정하더란다. 그 끝에 주저없이 깎아버렸다고 했다. 이 사례들로 미루어볼 때 긴 수염은 여자들에게는 달갑지 않은 존재인 모양이다. 수염은 머리카락과 달리 음모처럼 일정한 길이 이상은 자라지 않는다. 이는 곧 그대로 기르라는 조물주의 계시일 것이다. 그럼에도 밀대질하듯이 박박 밀어버리는 것은 사회현상 때문일 것 같다. 경로사상이 무너진 데다 산업현장 활동의 불편함도 한몫했으리라.

사정이 이러하니 깎아버릴 수밖에 없다. 하지만 깎는 것도 멋을 내려는 사춘기의 소녀처럼 부지런해야 한다. 2~3일만 깎지 않으면 어수선하고 텁수룩하여 아편쟁이나 주정뱅이 같기도 하고, 매양 빈둥거리는 게으름뱅이 꼴 같기도 하다. 거기다가 조금만 자라도 실제보다 나이가 더 들어 보이기도 한다. 이처럼 수염이 달갑잖은 혹 같으니 어느 남성인들 본래의 섭리대로 대접하겠는가. 시대를 잘못 만나 아무짝에도 쓸모없는 천덕꾸러기로 전락하고 보니 여름철 핫바지 꼴이 되고 말았다. 시류가 이러니 난들 어쩌랴. 아침마다 눈만 뜨면 턱에다 면도기를 들이대는 것이 일과의 시작이다.

성性 유혹죄(?)

며칠 전, 한 문학 동아리에서 문학 기행이라는 그럴듯한 이름으로 근교에 가을나들이를 나갔었다. 차중에서 서로들 이러 저런 시사 잡담을 늘어놓던 중이었는데, 우연히 요즘 뉴스 매체에서 시도 때도 없이 등장하는 성性희롱 문제가 메뉴로 떠올랐다. 이 문제(뉴스)의 결론은 언제나 거의 100%가 여성 피해자들이다. 가해의 수법도 다양하지만, 피해의 이름도 다양하여 종잡을 수가 없기도 하다. 성폭력에다 성폭행, 성추행, 성희롱 등 모두가 이름이 비슷비슷하니 법적 전문직식이 없는 사람들로서는 이해하기가 쉽지 않다. 더군다나 성폭력과 성폭행, 성추행과 성희롱의 차이는 이것이 저것 같고 저것이 이것 같아 알쏭달쏭할 뿐이다.

그런데 논제의 요지는 여기에 있는 것이 아니라, 한 회원의 느닷없는 질문에서부터였다. "성희롱 죄는 있으면서 왜 성 유혹 죄는 법이 없느냐?"고 반문하는 것이었다. 이 우문에 모두들 한바탕 웃음을 쏟아냈다. 그 우문을 던진 회원은 다름 아닌 인간 심리학을 전공한 전 신경정신과 개업 전문의였다. 그의 의학적 논리로는 성 유혹 죄도 다분히 성립되어야 한다는 것이다. 그 이유는 프로이드의 심리학적인 측면에서 보았을 때 여성들이 불특정의 모든 남성들을 유혹한다면서 그 때문에 성 범죄가 발생하는 동기가 된다는 것이다.

프로이드는 정신분석학에서 인간은 원초적 자아, 그리고 자아와 초자아로 구분해 놓았다. 이 원초적 자아는 본능적이며 비이성적인 사고로서 쾌락주의(성적), 공격적, 무의식적인 행동을 하게 된다고 했다. 자아는 이해타산적인 사고로서 현실주의적 행동을 하는 것을 의미하며, 초자아는 원초적 자아를 통제하고 이성理性적이고 도덕적인 행동을 하는 것을 의미하는 것이라고 밝혀놓았다. 이 학설은 주자나 이퇴계・이율곡 같은 성리학자들이 논한 이기理氣론의 4단 7정과도 상통하는 점이 있다고 생각된다.

프로이드는 아이가 테어나서부터 원초(본능)적 행동들로부터 각 성장단계에 상응하는 행동으로 발전할 수 있도록 교육해야 한다고 했다. 그것의 최종 단계는 도덕적이고 이성적인 인간형일 것이다. 하지만 현대사회는 온 세계가 인권이라는 미명아래 원초적 자아실현의 바람이 태풍처럼 몰아치고 있다. 그 중의 가장 강력한 바람이 여성들의 자유분방함이다. 이 때문에 아랫도리의 옷 길이는 짧을 대로 짧아졌고 가슴도 의당히 남자보다 더 노출을 하고 다니니 프로이드가 말하는 쾌락주의 행동의 표현이 아닐 수 없다. 남성도 이 쾌락주의에 어찌 예외가 될 수 있겠는가. 남성 쾌락주의의 본능은 여성과는 차이점이 있다. 견물생심이라고 하지 않았던가. 동물의 세계에서 암컷을 장악하기 위하여 생명을 걸고 싸우는 수컷들의 모습을 수없이 보아왔다.

박정희 정권 때 성 범죄의 방지 겸 미풍양속(초자아)을 실현해 보고자 여성들의 신체적 노출을 단속한 적이 있었다. 하지만 인권탄압의 독재적 발상이라는 비난의 딱지만 붙인 채 중단하고 말았다. 그 이후로는 어느 정부도 여성들의 옷차림에 대하여는 완전히 손을 놓았다. 지구촌의 추세가 그러니 어느 한 나라의 정책으로 막는다는 것은 불가능한 일이기도 하다. 이 때문에 여성들로서는 원초적 본능을 마음껏 누리면서 남성들에게 "용용 죽겠지?" 라는 듯이 활개를 치면서 누비니 역시 원초적 본능 수준의 남성들이 "뭐라고? 용용 못 죽겠어."라며 성범죄를 저지르는 계기가 될 수밖에 없다.

그러니 그 신경정신과 전문의인 회원의 말씀처럼 인간의 원초적 본능의 발산으로 여성은 남성을 유혹하게 되고, 남성은 여성의 유혹에 끌려 비이성적인 성적행동을 저지르게 되는 것이다. 그런데 유혹을 하는 여성들에게는 아무런 성범죄 제도가 없고, 남성에게만 성범죄 법을 만들어 처벌을 하고 있으니 이것은 자연과학적인 측면에서 보아도 불합리할 뿐더러 남녀평등의 정신에도 맞지 않는 것 같다.

하지만 사회 통념상으로는 용인되지 않고 있다. 그 이유는 간단하다. 어차피 인간사회가 공자나 성인이 말하는 도덕적 이성적 사회는 물론, 프로이드가 말하는 초자아적 사회 쪽으로만 굴러 갈 수가 없기 때문이다. 그렇기 때문에 만약 남성이 동물의 세계에서 보듯이 완력으로만 원초적 본능의 행동을 취하려 한다면 신체적 약자인 여성들이 견뎌날 수가 없을 것이 뻔한 일이 아니겠는가. 그래서 모든 법은 일반적으로 약자를 보호하는 데 도움이 되도록 제정되어있는 것이다. 그래서 남녀평등의 헌법정신에도 불구하고 정부조직에는 여성부를 두었고 국방의 의무도 남성에게만 주어져 있는 것이 아니겠는가.

남성들이여! 그러니 성 유혹 죄를 만들지 않는다고 불평하지 말고 여성 보기를 돌같이 하는 이성적이고 초자아적인 남성 세계에서 노니는 천연스러움을 생활화한다면 성 유혹에 대한 처벌 죄가 있든 없든 무슨 상관이랴.

묵고 갈래 지고 갈래

오후 세시가 조금 넘었다. 그들과 만나기로 한 종로 3가 전철역 6호차 출입구, 두 친구는 이미 전동차 출입문 앞에 도착해서 학처럼 목을 빼 두리번거리고 있다. 문이 열리자마자 우리들은 해후보다 더 진한 상봉을 했다. 출찰구에서 기다리라고 했는데도 기어이 내려온 것이다. 나머지 한 친구도 출찰구로 올라가다 만났다. "촌놈이 길이라도 잘못 들면 어떡하나." 싶어서였단다. 동심 같은 우정이 승강 인파 사이로 출렁거린다.

오늘의 조우는 나의 예정되어 있던 서울 나들이 길을 이용해 미리 약속을 해둔 데서 비롯되었다. 우리 넷은 시가지로 올라와 곧바로 근처 어느 식당에 자리를 잡았다. 이 장소는 A친구가 오늘을 위해 이미 인터넷으로 조회를 해 놓은 곳이란다. 다양한 메뉴를 저렴한 가격으로 고객을 유치하는 대중식당이라서 퇴물들이 부담 없이 마시기에는 안성맞춤이었다. 내려갈 열차표가 일곱 시 반이니 우리들은 이 사이에 그 동안 쌓였던 회포를 다 풀어야 한다.

반세기가 훨씬 넘은 시간을 거슬러 올라가 함께 했던 추억들을 상기해 보니 일장춘몽이 따로 없다. 막걸리와 소주에다 두어 접시의 안주를 시켜놓고 취향에 따라 주저 없이 마셔대며 그 흑백 필름을 되돌리기에 바쁘다. 다만 안타까운 것은 술고래였던 B친구가 술잔을 기울일 수 없다는 사실이다. 몇 년 전에 위암 수술을 받고 난 뒤 달아서 대장암 수술까지 받아야 하는 고통을 겪었다. 두 번째의 수술 후 우리들은 심히 우려했지만 다행히도 그는 옛날처럼 술을 마실 수 있었다. 그랬는데 금년 초에 또 간암 수술을 받는 불행이 찾아왔다. 참으로 지독하게 불운한 친구가 아닐 수 없다.

우리는 서로가 고등학교 시절부터 맺어진 죽마고우이다. A친구는 대구 토박이였지만 나머지는 모두 촌놈들이라서 자취를 하거나 통학을 했다. 나는 한때 친척 집안의 형제들과 함께 두어 칸 방에서 집단 자취생활을 하기도 했는데, 그 연유로 저마다 주위의 친구들이 몰려들었다. 이 친구들도 그 때 다 어울렸던 친구들이다. A친구는 웅변을 잘했고, B친구는 훤칠한 체구에 주먹세계의 보스 기질이 있었으며, C친구는 위엄스럽고 과묵했다.

그 중에도 가장 인연의 고리가 두터웠던 친구가 A이다. 그는 군입대도 같이 했고 첫 직장생활도 우연히 한 지방 도시에서 같이 했다. 또 그것이 인연이 되어 혼수 함도 져다 주었으며, 몇 년 전에는 그의 영식 혼례의 주례를 보아주기도 했다. 둘은 다 그 첫 직장이 튼실치 못하여 입사한 지 2년여 만에 실직을 하는 처지가 되었다. 하는 수 없이 부모(대구로 이사 온)밑에 들어와 한참 동안 밥만 축내는 백수가 될 수밖에 없었다. 그 때 둘은 서로의 집을 드나들며 꽁보리밥도 감식을 했고, 어쩌다 강술이라도 한 잔 생기면 술잔을 앞에 놓고 신세타령에 빠지기도 했다.

B는 늘 멋을 부렸다. 깃과 섶에 빳빳이 풀을 먹인 하얀 하복 상의는 얼음 조각을 연상케 했고, 칼날같이 줄을 세운 검은 동복 바지는 신사복에 버금 갈 정도였다. 때로는 신천의 자갈 둔치에서 학교 대항 패싸움을 벌이기도 하고 우두머리들과 1대1로 맞장 뜨기도 했다는데, 나는 한 번도 본 바는 없다. 그렇게 서글서글하게 잘 나갔던 친구가 모진 병마와 씨름하고 있으니 어찌 마음 아프지 아니하랴. C는 맘보바지를 즐겨 입었다. 성격과 행동이 과묵하고 위엄이 있다보니 본인의 처신도 그랬고 친구들도 그를 무게 있는 친구로 인정했다.

우리들의 아지트는 대체로 자취집 근방이었다. 주머니가 비어있으니 돌아다닐 수가 없었기 때문이다. 어느 친구든지 집에 다녀올 때 책값과 학용품을 핑계로 얼마간의 웃전을 붙여오는 날이면 그 때는 떼전으로 근처 포장마차에 들러 소주 몇 잔에다 오뎅(어묵) 한 꼬치씩을 물고 시시덕거렸다. 가끔은 몇 쪽박의 오뎅 국물 때문에 주인과 시비가 벌어지기도 했다. 학교의 문화교실 행사나 혹은 개인적으로 영화관을 다녀오는 날이면 서로가 그것을 최고의 자랑거리로 여기며, 친구들에게 영화장면을 실감나게 퍼 널었다.

그랬던 학우 사이였지만 이들 세 친구는 30대 초반에 이르러 의논이나 한 듯이 함께 서울에다 둥지를 틀어버렸다. 그러니 시공의 장벽에 갇힌 나로서는 그림의 떡일 수밖에. 어쩌다 오가는 출장길이 아니면 잠시의 해후조차 목마름으로 쌓인 채 무심한 세월만 속절없이 흘러가버렸다. 요행히도 이번 만남만은 얼마 되지 않았다. 작년 말에 있었던 B친구 영식의 혼사 때 올라왔기 때문이다. 그 때는 다른 하객 친구들과 합석이라서 우리끼리만의 정담을 나눌 처지는 못 되었다. 하지만 오늘만은 하등 구애될 일이 없다보니 저마다 작심한 듯 풋풋한 추억담을 봇물처럼 쏟아내 놓는다.

신나게 들이켜다 보니 두어 시간이 금방 흘렀다. 맨 정신인 B는 자리를 옮겨 분위기를 바꾸자며 우리들을 끌고 바로 이웃한 한 주점으로 안내했다. 그 상호가 정말 낭만적이었다. '묵고 갈래 지고 갈래', 필경 이 식당 경영자는 경상도 사람이리라. 안으로 들어서니 그 규모와 장식이 마치 호텔의 뷔페식당을 연상케 한다. 무대에서는 악사의 구성진 트럼펫 연주에 맞추어 무명 여가수의 노래가 울려 퍼진다. 절반이 넘게 자리를 메운 60대 이상의 남녀 고객들은 삼삼오오 마주앉아 술잔을 기울이며 분위기에 도취되어 있다. 모두들 지겹게 걸머졌던 세파의 멍에를 미련 없이 내려놓고는 여생을 즐기려는 우리 같은 보통 사람들이리라.

우리들은 전음前飮의 주기酒氣에다 아까와는 딴판인 분위기에 금방 휩싸였다. A친구는 "캬! 상호 한번 좋다. 묵고 갈래 지고 갈래" 감탄사를 토하고는 "자, 지고 갈 수는 없으니 오늘 한 번 실컷 먹고나 가세." 라면서 또 마셔댄다. 마치 '이팔청춘이 따로 있나'라는 식이다.

우정의 도취인지, 취흥의 도취인지 알 수 없는 황홀함이 우화등선에 이르렀다. 3차로 노래방까지 거치고 보니 열차시간이 임박했다. 정신을 가다듬어 살펴보니 A친구는 이미 흔적 없이 사라졌다. 술꾼들의 온전한 처신은 곤드래 직전에 무조건 튀는 것이 상책이다. 그는 아마도 술에 잡아먹히지 않기 위해 그 길을 택한 것 같다. 나도 정신이 혼몽하여 남은 친구들과 어떻게 작별했는지 기억이 희미하다.

그나마 하차 역을 놓치지 않았다는 것은 나의 영혼이 취기를 컨트롤해준 덕분이었다. 대문을 들어서서 신발을 벗는데, A친구의 전화가 왔다. “이제야 집에 도착했다”며 어디로 돌아다녔는지도 모르겠단다. 다른 사고가 없었으니 다행이었다. 우정의 갈증에다 지고 갈 수 없어 묵고(마시고) 가다보니 그렇게 된 것을 어찌하랴.

떠도는 쥐포수

"이 얄미운 놈을 어떻게 해야 하나." 잡히면 난장이라도 치고 싶다.

늦여름 어느 날 옥상에서 있었던 일이다. 플라스틱 통을 이용해 소일 삼아 심어둔 여남은 포기의 소채류와 동편 난간 쪽의 호박구덩이에다 물을 드리우던 참이었다. 순간, 무엇이 난간으로 화들짝 뛰어오르는가 싶더니 쏜살같이 아래쪽 담으로 뛰어내려 사라져 버린다. 눈 깜박할 사이였다. 너무나 뜻밖에 일어난 일이라 놀라 기절이라도 할 뻔했다. 속칭 길고양이라고 하는 떠돌이 쥐포수였다. 엄격히 말하면 그냥 떠돌이고양이라고 하는 것이 맞을 것이다. 하지만 그놈의 생업이 쥐를 사냥해 먹고 사는 짐승이니 쥐포수가 아닌가.

"어! 이게 웬일인가." 조금 있으니 연약한 새끼들의 울음소리가 가까이에서 흘러나온다. 귀를 기울이니 바로 옆의 처마 밑 벽에 비스듬히 세워둔 안반 틈 사이에서이다. 이 안반은 조상님들이 명절이나 길흉사 때마다 떡을 쳤던 넓고 두터운 귀목 널빤지이다. 이곳이 그 떠돌이 쥐포수의 아지트가 될 줄이야. 어미가 인기척을 듣고 엉겁결에 달아나니 새끼들이 안달이 나서 우는 것이다. 괘씸한 마음에 하던 일을 멈추고 기다란 막대를 이용하여 그 틈새를 휘저었더니 두 마리의 새끼가 꼬물거리며 기어 나오지 않는가. 이제 겨우 눈을 뜰 정도의 크기다. 앙증스럽다.

이런 떠돌이 쥐포수들과의 인연은 꾀 오래되었다. 새끼를 낳은 것만도 벌써 세 번째다. 그 첫 번째가 이사온 지 몇 년 후였던가 싶다. 날치기로 지은 집이라서 생긴 일이다. 이놈이 처마 끝의 틈새를 헤집고 지붕 속으로 들어가 일을 저질러 놓은 것이다. 당장 기왓장을 헐고 들어가 보니 여러 마리의 새끼들이 날뛰고 있었다. 천장 위가 저들의 놀이터였다. 모조리 끌어내어 고양이 수집상에게 주어 버렸다. 두 번째는 그 몇 해 후에 지하실에서 일어났다. 한 놈이 느닷없이 들락거리는 모습이 눈에 뜨이기에 유심히 살펴보았더니 또 그 모양이었다. 이번에는 세게 혼을 내 주었더니 한 마리씩 물고 어디론가 이사를 가 버렸다.

쥐포수는 인간들의 습성과는 정 반대다. 암놈이 발정을 하면 한밤중에도 동네가 떠나갈 듯이 아기 울음소리를 내며 설쳐대지만, 새끼를 낳을 때는 쥐 죽은 듯이 조용하다. 그러니 언제 어디서 낳았는지 알 수가 없다. 번식력 또한 왕성하다. 때문에 개체수가 엄청 불어나게 되니 쥐는 씨가 말라 버렸다 그 바람에 쥐포수 노릇으로는 생계가 어렵게 되자 사람들의 생계거리를 넘보게 되고 생태계마저 교란할 수밖에 없게 되었다. 서울 남산에서는 새 둥지를 결딴내는가 하면 부산 영도에서는 갈매기를 다 잡아 먹고 경북 영양에서는 닭을 훔쳐 먹는 일이 벌어지기도 했다.

요놈들은 아파트 단지에서도 성가시게 구는 일이 많아 대다수 주민들은 혐오하지만, 동물 애호가들은 오히려 먹이를 주면서 감싸기도 한다. 이 때문에 서로간의 마찰로 주민이 살인을 당하는 일이 발생하기도 했다. 요놈들은 행동거지가 참으로 얄밉다. 백주에도 꼬리를 착 늘어뜨린 채 천연덕스럽게 길거리를 요리조리 배회하다가는 사람이 다가온다 싶으면 핼끔핼끔 돌아보며 차량 밑이나 후미진 곳으로 살금살금 숨어버린다. 요놈들은 추위를 많이 타는 편이다. 때문에 주로 양지쪽에서 눈을 재그시 감고 조는가하면 차량의 보닛 속에 기어들어가 잠을 자기도 하여 운전자를 놀라게도 한다.

그나저나 저 꼬물거리는 새끼들의 처리가 또 문제다. 어미가 빨리 와서 물고 갔으면 좋으련만 이놈이 평소에도 가끔씩 저지레를 해놓아 나에게 여러 번 혼이 난 데다 오늘도 냅다 소리를 질러 놓았으니 쉽사리 나타나지 않을 것 같다. 내려와 점심을 먹는 중에도 새끼들은 계속 울어 대지만 어미는 소식이 없다. 그런가 싶더니 그 소리가 더 가깝고 강렬하게 들리는 것이다. 냉큼 내다보니 한 마리가 마당 바닥에 떨어져서 내는 소리가 아닌가. 참으로 알 수 없는 일이다. 다리도 펴지 못하는, 겨우 기는 주제에 어떻게 베란다의 수직 난간을 타고 기어 올라왔을까? 불가사의 한 일이 아닐 수 없다. 발바닥에다 무슨 접착제라도 발랐다면 몰라도.

묘책이 없어 불삽에 담아 원래 자리에 가져다 놓았다. 하지만 그만 숨이 끊어졌다. 떨어지는 충격 때문에 그렇게 된 것 같았다. 남은 한 마리는 계속 울어댔지만 땅거미가 내려앉아도 어미는 나타나지 않았다. 아침에 올라가 보았더니 그 놈도 마저 죽어 있었다. 성가심은 괘씸했지만 그것도 생명이라 마음이 개운치 않았다. 어미는 며칠 후에야 눈에 띄었다. 그 떠돌이 쥐포수는 아직도 돌아다니며 성가시고 있다.

절반의 고물

낡거나 오래된 물건은 고물이다. 이는 물건뿐만이 아닌 사람, 즉 노인에게도 적용된다. 사전辭典에도 '늙거나 시대에 뒤처져 쓸모없는 사람을 비유적으로 이르는 말'이라고 해놓았으니 어쩌겠는가.

노인들은 사람에 따라 차이는 있겠지만 젊은이들과는 비교할 수 없을 만큼 쇠잔하다. 금방 죽을 정도는 아닐지라도 저마다 몇 가지씩의 병을 끌어안고 사니 말이다. 그러니 사회적으로나 가족들에게는 큰 짐이 되는 고물이 아닐 수 없다. 문제는 이런 고물들이 21세기에 들어 엄청나게 불어났다는 데 있다. 소득의 증가와 의료시혜 덕분이다. 때문에 국가는 이 짐짝 같은 고물들의 치다꺼리를 위한 재원 염출에 골몰하고 있다. 우리 부부도 이 범주에 속함은 물론이다.

이런 고물 부류에 속하면서도 나는 아침부터 두 고물을 함께 싣고 고물의 수선에 나섰다. 차량도 출고한 지 20년이나 되었으니 그야말로 고물들의 퍼레이드인 셈이다. 옆자리에 탄 고물은 병원에 치료받으러 가는 집사람이고, 트렁크에 실어놓은 고물은 목공소에 수리를 의뢰할 궤짝이다. 평소에는 대체로 무위도식이 나의 일과이기는 하지만 때로는 오늘처럼 가치 지향적인 현실과 어울릴 때도 있다. 이것은 삶의 효용 가치가 조금은 남아 있다는 증거가 아닌가. 그러니 아직은 덜 고물이라고 자위하면 안 될까?

어느 새 병원 앞에 도착했다. 안방 고물의 수선대상은 만성 고관절 탈골에다 관절염, 불면증, 소화불량, 기도 및 심장 이상 등이다. 증상 치고는 좀 복잡한 편이다. 평생을 겪어온 정구지역에 지친 탓이리라. 하지만 일상의 가사는 그런대로 견디니 역시 완전 고물은 아닌 셈이다. 아무튼 이같이 복합적 증세의 환자를 60대 중반의 한 의원장은 혼자서 뭉뚱그려 수선한다. 이것을 보면 나름대로는 독특한 의술이 있는 것 같다. 그동안의 그의 치료에서 얻은 효험이 그것을 증명한다. 다만 의료보험 혜택이 안 되니 혹시 원장의 자격증이 고물(?)인지도 모를 일이다.

다음은 목공소 차례다. 짙은 밤색인 이 궤짝은 단조로운 무쇠 장식에다 무쇠 자물쇠를 단 서함書函이다. 관리부실로 서랍도 내려앉았고 자물쇠도 내부가 상했으며 열쇠마저 잃어버린 상태다. 소장되어 있던 각종 고 서류들은 모두 들어내어 딴 곳에다 보관하고는 빈 채로 마루 한쪽에다 방치해 두었다. 그런 뒤로는 왠지 마음이 개운치 않았다. 조상님들의 영혼이 침잠된 궤짝을 폐품상자로 취급한 죄책감 때문인 것 같았다. 벼르던 끝에 저버렸던 자손의 도리를 회복할 요량으로 그 상처를 치유하려 함께 싣고 나온 것이다.

70이 넘어 보이는 주인영감의 목공소는 도깨비 집처럼 어지럽다. 그가 이 생업과 씨름해온 연륜의 증표이리라. 원상복구와 더불어 효용성을 높이고자 아래쪽 공간에다 상하 좌우로 2단 분리대 설치를 추가로 주문했더니 10만원을 더 요구하는 것이 아닌가. 하기야 나로서도 수소문을 거듭한 끝에 찾은 곳이고 보니 가격 때문에 돌아 설 수도 없는 노릇이다. 그는 내 머리위에 올라앉아 이런 나의 속내를 꿰뚫어보고 있음직하다. 며칠 후 찾으러 가서 대금 지불을 하려니 카드 결제도 안 되고 현금 영수증도 떼 본적이 없단다. "이 나이에 배운 일을 몬 내뻴어 이카고 있는데 그렁기 뭐 다 있겠능교?" 라며 당연한 척한다. 역시 고물다운 말씀이시다.

요행 끝에 자물통 수리집도 찾았다. 칠성시장의 후미진 곳. 재개발 바람에 동강난 자투리 건물이었다. 두 평도 채 안 될 듯한 가게에는 자물쇠와 관련된 잡동사니 나부랭이들이 널브러져 있어 두 사람이 앉을 자리마저도 마땅찮았다. 80에 가까운 주인 노인의 모습도 가게와 닮았다. 건네준 자물통을 만지작거리며 훑어보더니 망가진 부분을 금방 땜질하고는 어디선가 철조각 한 토막을 찾아내어 이런 저런 공구를 사용해가며 깎기 시작했다. 만드는 손놀림이 불을 끈 밤중에 가래떡을 설었다던 한석봉 어머니를 연상케 한다.

노인에게는 필생의 가업이었을 터이다. 솜씨로 보아 수제품에 의존했던 지난 시절의 한때는 필경 그 나름의 전성기가 있었으리라. 하지만 이제는 디지털 문화에 짓밟혀 신세대 업자는 손도 안 대는 고물 자물쇠와 씨름하고 있으니 송충이의 삶이라고 해야 할까. 아무튼 나로서는 버릴 물건을 살려냈으니 노인의 초지일관의 직업정신에 감사해야겠다. 그의 순박함에 매료되어 은근히 말을 걸었더니 한때는 귀국하는 미군들을 상대로 전통 자물쇠와 골동품을 더러 거래하여 짭짤한 재미를 봤을 때도 있었단다.

20여 분 남짓한 끝에 열쇠가 완성되었다. 네 갈래로 벌려진 자물쇠의 다리가 그제야 노인의 손끝에서 '쨍그랑', 맑고 가는 강철 소리를 내며 제 방안으로 밀려들어간다. 다시 생명을 얻은 감동의 소리 같기도 하고, 임을 맞으려는 들뜬 심장의 떨림소리 같기도 했다. 노인은 이내 꽁무니를 통해 살며시 열쇠를 밀어 넣는다. 자물쇠는 "아! 이 얼마나 기다리던 임이런가?"라는 듯이 열쇠에 서슴없이 몸을 맡긴 채 상체를 드러낸다. 이 어찌 한갓 고물 쇠붙이라고만 할 수 있겠는가. 수절했던 여인이 참으로 오랜만에 헤어졌던 지아비와 해후하는 모습이 연상되었다.

수리비는 5천원에 불과했다. 노인의 가게는 강태공의 낚시터인지도 모를 일이다. 손수레에다 고물을 주워 챙기는 노인들처럼 고물들이 고물이라도 챙길 수 있다면 아직은 순 고물이 아닌 절반의 고물이 아니랴.

못 써먹은 청춘 꿀

자수성가한 어느 독신 노인이 있었다. 그는 너무나 궁핍한 어린 시절을 보냈다. 그것이 깊은 응어리가 되어 어떻게든 부자가 되어보겠다고 마음먹고는 먹을 것 입을 것을 참아가며 피땀 흘려 모았다. 그 끝에 마침내 부자가 되었다. 그러느라 때를 놓쳐 이순에 이르러서야 장가를 들었다. 하지만 노화 때문에 부부관계를 이룰 수가 없었다. 그때서야 인생무상을 깨닫고는 "재물은 안 쓰니 저축이 되는데 청춘은 안 썼는데도 저축이 안 되는구나."라며 크게 탄식했다는 우화 같기도 하고 현실 같기도 한 얘기가 있다. 청춘은 안 써도 방전되는 배터리 같은 존재인지도 모른다.

인생의 여정에 있어서도 춘경추실의 현상처럼 모든 일이 매듭지어야 할 시기가 있다. 그 시기를 놓치게 되면 곡물의 수확에 차질이 생기듯이 인생사도 흉터가 생긴다. 결혼 적령기를 넘긴 요즘의 많은 젊은이들이 이 현상과 무관치 않을 것이다. 흔히들 배필 될 사람은 따로 있다고 하지만 그것은 듣기 좋아라고 하는 말이다. 독신주의자들은 모르지만, 일에 매달리거나 더 나은 배필을 구하려다보니 시기를 놓친 경우들이 대부분일 것이다. 이런 부류의 남녀들은 결혼 적령기 때 보다 눈높이를 낮추지 않으면 인연의 끈을 잡을 수가 없다. 주식으로 말하자면 꼭지 점을 친 셈이며 배터리에 비유하면 어느 정도 방전된 상태이기 때문이다.

내가 보유하고 있는 승용차는 한참 오래되었다. 1994년도에 출고한 소나타이다. 나이로만 따진다면 20년이 다 되어가니 사람에 비유한다면 부부생활도 못할 영감쟁이나 다를 바가 없다. 하지만 차량의 수명을 출고 년 수로만 따진다는 것은 모순이 없지 않을 것 같다. 시계처럼 한 번 작동을 시작하면 멈추지 않는 기계류는 살아 숨 쉬며 움직이는 동물과 같아서 작동 년 수와 내구 년 수가 정비례한다고 할 수 있다. 이와는 달리 차량은 필요할 때만 가동하는 것이니 시동을 껐을 때는 휴면상태이므로 부식은 모르지만 마모될 턱은 없다. 그러니 출고 년 수보다는 현재까지 얼마나 주행했느냐와 더 관계가 깊다고 생각된다. 그런데도 현실은 그렇지가 않다.

내 차의 주행거리는 아직 6만5천km에 불과하다. 그동안 배터리와 타이어를 한 번씩 교체했을 정도이다. 현직에 있을 때는 직장 차를 이용했고 퇴임 후에는 특별한 경우가 아니면 운행을 하지 않은 탓이다. 승용차의 가용 주행 거리는 보통 20만 km 정도라고 들었다. 물론 한 번도 사고를 내거나 당한 적이 없으니 사람의 나이로 치면 30대 후반쯤의 청년에 속한다고 할 수 있다. 그렇지만 사람들은 그렇게 보아주지 않는다. 수시로 신형 모델이 쏟아져 나오기 때문에 차량의 형태만 보면 대번에 신·구형을 가늠하게 되어 늙은이 취급을 받는다. 그렇다고 해서 안달 날 일은 없다. 사용하는 데는 아무런 문제가 없을 뿐더러 남의 앞에 폼 잡을 것도 없는 늙은이로서야 하등 구애 받을 턱이 없기 때문이다.

그러던 터에 어느 날, 우연히 보험 가입 교부서를 받고는 여느 때는 눈여겨보지 않았던 차량가격을 살펴보게 되었다. 고작 14만원이라고 적혀 있었다. 전년도의 영수증과 비교해 보았더니 6만원이나 더 낮게 책정되어 있었다. 그 연유를 알아보았다. 주행거리는 전혀 무시한 채 출시 연수만 따져 해마다 조금씩 차감해서 가격을 산정하기 때문이란다. 차는 안 굴려도 연수만 쌓이면 똥값이 되고 만다는 것을 그제야 확실히 알았다. 이것이야말로 안 써도 저축이 되지 않는 청춘과 무엇이 다르랴.

똥값은 그렇다손 치더라도 그 취지를 몰랐기에 별로 대수롭게 여기지 않았다. 하지만 나중에 알고 보니 의미심장한 문제가 숨어 있었다. 남의 차에 피해를 당했을 때 보상 받을 가격을 산정하기 위한 기준이란다. 나의 처신이 참으로 청맹과니가 아닐 수 없었다. 내 차가 아무리 망가져도 보험증서에 기록된 차량 가격 이상으로는 보상 받을 수가 없다는 사실을 비로소 알았기 때문이다. 이런 논리대로라면 인명 피해를 입었을 때 젊은 사람은 치료비 전액을 보상받지만, 늙은 사람은 나이에 따라 감가해서 받아야 한다는 말과 같은 맥락이다. 이 얼마나 불합리한 논리인가? 기계가 사람과 같으냐고 따진다면 할 말은 없지만, 보험료는 똑 같이 불입하면서 년 수만 따져 보상 받는다는 것은 멀쩡한 차를 폐차 처분하라는 것과 다를 바 없다. 정부가 오히려 소비를 부추기는 꼴이 아니고 무엇이랴.

인간이라면 누구든지 생명이 다하는 날까지 축적된 에너지를 가치 있게 발산하는 것이 값진 삶이다. 자동차의 삶도 마찬가지이다. 태어날 때부터 인간들의 운송수단이 되어주기 위하여 에너지를 부여 받았으니 도로 위를 쌩쌩 달리는 것이 그의 삶이다. 그것은 곧 세상에 태어난 보람이며 그가 세상을 즐기는 길이다. 나의 차는 주인을 잘못 만났다. 넘치는 에너지를 발산할 기회를 박탈하였으니 그의 청춘을 짓밟은 셈이다. 마치 발정기의 암캐를 목줄로 묶어 놓듯 주야장천 담벼락에 세워 놓고는 조강지처 소박하듯 거들떠보지도 않았으니 말이다.

그 바람에 나의 차는 생과부 꼴이거나 못 써먹은 청춘 꼴이 되어버렸다. 어쨌든 이 불합리한 제도를 알고부터는 차를 끌고 나갈 생각이 더욱 반감됐다. 받쳐도 기댈 곳이 없는 억울함을 피하려니 어쩌겠는가.

오리발 내밀기

'닭 잡아먹고 오리발 내민다'는 속담을 모르는 사람은 없을 것이다. 가면의 탈을 쓰고 생떼를 부리면서 진실을 은폐하려는 수작이 그것이다. 서투른 범인들은 이에 끼지 못한다. 마음이 약해 생판 거짓말을 쏟아내지 못하기 때문이다. 그러다 보니 닭발과 비슷한 황새발이나 까마귀발을 내밀기가 일쑤다. 그것이 도리어 화근이 되어 금방 잡히고 만다. 반면에 가면을 쓴 범인들은 대체로 뱃장도 두둑하고 잔머리도 잘 굴린다. 때문에 아예 닭과는 전혀 딴판인 오리를 잡아먹었을 뿐이라고 우겨대며 떼쓰는 것이다. 손바닥으로 하늘 가리는 꼴이다. 양심을 팽개친 자들의 수작이니 무슨 핑계인들 마다하랴.

정의롭고 도덕적이며 선량한 사회에서는 존재할 수 없는 황당한 현상이기도 하다. 하지만 동서고금을 막론하고 지구상에 그런 이상주의 사회는 없다. 인간 사회는 선악과 귀천이 공존한 채 굴러갈 수밖에 없는 숙명을 지녔기 때문이다. 어찌 우리 사회인들 예외가 될 수 있겠는가. 화려한 가면으로 위장한 협잡꾼들이 선량한 대중들에게 살쾡이처럼 접근하여 온갖 기만을 저지르다가 드디어 마각이 드러나면 면죄를 받거나 형량을 감·면 받으려고 거품을 토하며 오리발을 내민다. 대표적인 사례가 파탄난 통진당의 이석기 같은 무리들일 것이다.

범법자들로서는 이 오리발을 돈 주고 사는 것도 아니며 남의 눈에 띄는 것도 아니니 어찌 이보다 더 안성맞춤이 있으랴. 마치 전가의 보도와 같은 보물이 아닐 수 없다. 항상 필요할 때 써먹으려고 심장 깊숙이 숨겨 다닌다. 이러다보니 이들의 가슴 속에 자리 잡았던 순진한 양심은 쫓겨나고 대신 오리발 악심이 차고 앉아 똬리를 틀어버렸다. 인간들의 겉모습만으로는 이런 선악의 실체를 구분할 수 없으니 선량한 피해자들만 안쓰러울 뿐이다. 창조주의 섭리가 야속하다.

국가 존립의 중요한 목적은 국민의 안녕과 사회질서를 확립하는 일을 빼놓을 수 없다. 당국은 이 독버섯 같은 무리들의 갖은 악행을 척결하려고 항상 골몰하고 있다. 그럼에도 그들의 오리발 전술에 당하기가 일쑤이다. 그들의 심장 속에는 이미 양심이라는 물체가 쫓겨나고 없으니 닭발이 존재할 턱이 없다. 이 오리발 간계에 대응하고자 고심 끝에 내놓은 방패가 거짓말 탐지기라는 것이다. 하지만 오리발 소지자들은 워낙 강심장이거나 미꾸라지 같아서 인간의 심리까지 꿰뚫어본다는 탐지기마저 완벽하게 차단하지 못하는 것이 현실이기도 하다.

그런데 참으로 해괴망측한 일은 채동욱 전 검찰총장의 오리발이다. 그는 그물의 벼리를 채어 잡고 이들과의 전쟁을 진두지휘하여야 할 검찰의 총수가 아닌가. 그런 그가 도리어 오리발을 내밀어 놓고 잠적하고 말았으니 이것이야말로 코미디치고는 고급 코미디가 아니고 무엇이랴. 한 언론지가 그의 내연여와 혼외 자식을 보도한 것이 단초가 되어 결국 사표를 냈지만, 이 언론사를 상대로 법정 싸움도 마다하지 않겠다고 큰소리치며 결백을 주장했다. 이 통에 온 사회가 혼란의 소용돌이 속에 빠지기도 했다. 그와 내연녀 사이에서 태어난 혼외자의 얼굴이 TV 화면을 채울 무렵, 눈 달린 사람은 한결같이 붕어빵이라고 했다. 그런데도 그는 자신과는 전혀 무관하다며 털끝만큼도 주저 없는 당당한 모습으로 오리발을 높이 들고 흔들어 댔었다. 이에 부화뇌동한 야당의 일부 의원들이나 사표를 낸 호위무사 검사도 마찬가지였다. 오리발도 이 정도면 수준급이 아닐 수 없다. 하지만 그의 오리발은 그 크기에 비해 제대로 가공되지도 못했고 세련되지도 못했다.

고양이에게 생선가게를 맡긴 것도 정도 문제지 이보다 더하랴. 사람마다 천부 인권은 동일하지만 인격과 품격은 제 각각이다. 시정잡배와 누・정樓・亭의 선비가 어찌 같을 수가 있겠는가. 마찬가지로 고위 공직자, 그것도 오리발을 내미는 오만 범죄혐의자를 가려내어 엄단해야 할 검찰 총수가 아닌가. 그런 그가 도리어 막무가내식 오리발을 내밀다가 신세를 더욱 망치는 꼴이 되고 말았다. 시정잡배나 저질 범죄자가 도리어 비웃을 일이 아니고 무엇이겠는가?

그는 호언장담을 밥 먹듯이 하다가 어느 날 갑자기 바람처럼 사라진 지가 벌써 몇 년이 흘렀다. 사건은 아직도 진행 중이다. 그의 주장대로 참으로 떳떳하다면 이제라도 은둔을 종식하고 닭발(친자)인지 오리발(가짜)인지를 스스로 밝혀야 할 것이다. 그것이 그의 마지막 남은 양심이 할일일 것이다.

영혼의 괴병

나의 영혼은 여느 아침과 다름없이 잠들었던 나의 육신을 깨워 또 하루를 지배하기 시작했다. 그런데 그 찰나 여느 때와는 달리 무엇이 퍼뜩 스치는 것이 있었다. "아차 내 정신 좀 봐." 순간 자리를 박차고 문 밖으로 뛰어나갔다. 이 황당한 나의 꼴을 본 집사람은 "팬티차림으로 어딜 가요?" 라며 놀란 모습으로 묻지만, 대답할 여유조차 잃은 채, 아직도 어제 저녁의 그대로인 반쯤 열려있는 대문을 화들짝 재치고 밖으로 뛰어나갔다.

그러고는 "휴~우 있구나!" 라며 혼자 시부렁거렸다. 시동도 꺼진 채였다. 연료가 완전 소진되었기 때문에 저절로 꺼진 것이라고 생각되었다. 급히 운전석 쪽의 문을 열고 계기판을 보니 그러나 연료는 거의 그대로였다. 반사적으로 시동키를 확인해 보니 뜻밖에도 키가 제동 쪽으로 돌려져 있었다. 참으로 괴이쩍은 일이 아닐 수 없었다. 누가 시동을 꺼 주었을까? 아마도 길을 사이에 둔 한 이웃집 사람의 선행이 아닐까 하는 생각이 들었다. 도둑이 끌고 가버리지나 않았나 싶었던 나의 순간적인 생각이 부끄럽지 않을 수가 없었다.

집 담벼락에 세워둔 차에 시동을 걸어 공회전을 시켜놓은 것은 어제 저녁의 조금 늦은 귀가 때였다. 벌써 한 달 가까이 운행하지 않았기에 배터리의 방전을 막기 위해서였다. 그래놓고는 세수를 마치고 나가서 곧 시동을 끌 요량으로 대문도 잠그지 아니한 채 들어왔는데, 그 일을 밤새도록 까맣게 잊어먹어 버렸다. 나의 영혼이 꾀를 피운 것이다.

영혼의 꾀병은 나이가 쌓일수록 점점 심해져만 간다. 집사람도 마찬가지이다. 전열기나 화기를 끄지 않아 그릇의 밑창을 태워먹은 것이 한두 번이 아니었다. 화재를 당하지 않은 것만도 운이 좋았다고 생각될 때가 여러 번 있었다. 외출을 준비할 때도 둘 다 소지품을 챙기지 못하여 들락거리기가 일쑤이며, 외출 중에도 이를 놓쳐버려 어려움을 겪었던 경우도 여러 번 있었다.

나의 대표적인 예를 든다면 지갑을 송두리째 잃어버렸던 일일 게다. 몇 해 전의 삼복더위 때였다. 그날따라 정장 차림으로 무슨 행사에 참석했다가 가로등이 짙은 불빛을 뿌릴 즘에 전철역에 내려서 집으로 오는 길이었다. 손에는 책자 봉투와 접은 우산이 들려져 있었다. 지상으로 올라오자마자 더위와 갈증이 한꺼번에 밀려와 바로 옆의 편의점에 들렀다. 그곳에서 만 원짜리를 꺼내주면서 지갑은 거스름돈을 받아 넣기 위해 계산대(유리 진열대)위에 얹어 놓은 채 음료수 한 통을 골라 마셨다. 그러나 나올 때는 그만 깜박하여 거스름돈과 다른 소지품만 챙겨서 나오고 말았다.

200여 미터나 갔을까, 그 때야 생각이 떠올라 "아뿔싸!" 하며 종종걸음으로 그 가게로 되돌아갔다. 그런데 그 자리에는 이미 나에게 음료수를 팔았던 여인이 아닌, 한 남자가 대신 있었다. 연령으로 보아 부부간일 것 같았다. 그에게 조금 전의 사실을 얘기했다. 하지만 그는 모른다는 것이다. 나는 어이없는 표정으로 아주머니의 휴대전화 번호를 좀 가르쳐 달라고 했더니 가지고 있지 않다는 대답이었다. 하는 수 없이 나의 전화번호를 적어주고 돌아섰지만 되찾기란 물 건너 간 일이라고 여겨졌다.

지갑에는 카드와 면허증 신분증은 물론, 어느 정도 쓸 수 있는 용돈이 들어 있었다. 돈은 챙기더라도 제발 지갑만은 되돌려 주었으면 하는 바람이었다. 그러나 그것마저 허사였다. 수십 년 전, 동대구역 매표구에서 차표를 사던 중에 소매치기가 붙어 지갑을 통째 빼내 가버린 적이 있었는데, 며칠 후에 지갑만은 우편으로 배달되어 왔다. 이 일을 당하고 보니 그 때 소매치기의 양심(?)이 그리웠다.

이런 깜박해버리는 현상은 일상에서 조금 벗어난 동작과 관련된 일을 일정한 시간을 둔 후에 다시 행하려 할 때 벌어지는 일종의 해프닝인 것이다. 이름하여 건망증. 이럴 때면 누구나 마찬가지겠지만, 참으로 영혼이 얄밉지 않을 수가 없다. 육신이 영혼을 너무 혹사한 탓일까, 아니면 영혼이 육신을 너무 노쇠했다고 얕보고 괄시하는 짓일까.

영혼의 꾀병이 심해지면 이 건망증은 더욱 짙어진다. 경증일 때는 행동으로 옮기려다 놓쳐버렸더라도 조금 후에 그 놓친 행동을 기억해낼 수 있지만, 좀 더 심해지면 행동으로 옮기려 했던 그 사실조차 기억해내지 못하게 된다. 이런 현상이 아주 심해지면 넋이 나간 사람, 또는 혼이 빠진 사람으로 취급되며, 치매라는 딱지를 달고 망각의 늪으로 빠지게 되는 것이다.

누구든지 삶을 다 하는 날까지 육신은 그 형상의 실체를 알 수 없는 영혼이라는 비물질적 존재로부터 철저히 지배를 받으며 살아간다. 그러다가 영혼이 육신의 끈을 놓는 날이면 영·육이 분리되어 영원으로 떠나게 되겠지만, 살아 숨 쉬고 있는 날까지는 육신은 영혼의 충실한 노예가 될 수밖에 없다. 그러니 영혼의 꾀병으로 인하여 육신의 컨트롤이 제대로 되지 않는다면 육신은 속수무책으로 당할 뿐이어서 삶의 의미가 퇴색될 수밖에 없다.

나의 영혼에게 가만히 속삭여 본다.

"내 육신이 그대 영혼을 그리 혹사한 일이 있었던가? 아마도 있었다면 그것은 꾀나 오래 된 수십 년 전의 일일까 싶네. 그때는 대류 속에 쓸려 떠내려가지 않으려고 발버둥치다보니 그대 영혼만이 아닌 육신도 함께 수고로웠잖아. 그리고 언제나 그렇듯이 그대의 배려로 내 육신은 매일 밤 얼마나 많이 깊은 잠에 빠졌는가, 그럴 때면 그대 역시 내 속의 쉼터에서 충분한 휴식을 취하지 않았는가. 그럼에도 그대는 왜 그렇게 꾀병을 자주 한다는 말인가?"

이렇게 원망 겸 하소연을 해 보지만, 내 영혼의 꾀병은 멈추어 줄 턱이 없을 것 같다.

6

정의, 그대여 일어나라

故宅 復元記

옛 살던 종동(宗洞)은 향수어린 태생지라 회억(回憶)하며 다시 서니 청천(晴天)은 무변(無邊)하여 아득히 푸르며, 대지는 풍요로워 격양가(擊壤歌)가 들리도다. 전설처럼 고태(古態)롭고 의연한 만취당(晩翠堂)은 짙푸른 노송(老松)에 병풍처럼 둘러싸여 유구한 세월을 무심히 녹이는데, 주인 잃은 고택지(故宅地)는 타가(他家)와 동거(同居)하니 격세(隔世)의 비감(悲感)을 차마 어찌 지우랴.

소(小) 가문의 시원(始原) 조(祖)인 통덕랑부군(通德郎府君)께서 호남병마절도사(湖南兵馬節度使) 중씨(仲氏)와 함께 뒷산에는 솔을 심고 명당(明堂)에는 집을 지어 백세(百世)가 창성(昌盛)할 신(新) 기지(基地)를 닦으시니 이름조차 우뚝한 종동(宗洞)이 아닐런가. 대지는 삼백 평에 정침(正寢)과 사랑(舍廊)채 등 4동 12간(間)이니 정연(亭然)한 자태라 상서(祥瑞)로웠네. 수성(守成)이 안 된 것은 금일(今日)의 안존(安存)보다 후일의 융성을 도모코자는 선고의 사려(思慮)에서 비롯됨이니 혜안(慧眼)의 단안(斷案)이 적중하셨도다.

광음(光陰)이 찰나(刹那)같아 과(過) 반세기에 옛터에 인접한 물려받은 새 대지에 지령의 정기 받아 고택을 복원하니 가문의 상징이라 감개(感慨)가 무량하다. 자우손(子又孫)의 근원이며 가전단세(家傳繼世) 산실이니 뿌리 깊은 나무이며 샘이 깊은 물일러라. 당호(堂號)는 창산(蒼山)이니 사시(四時) 푸르며, 규모는 검소하니 분수를 지켰도다. 좌향(坐向)은 오좌(午坐)이니 일월(日月)이 머무르고, 지반(地盤)은 우뚝하니 양택(陽宅)의 기본이며. 남방(南方)이 열렸으니 전도(前途)가 광활하네.

무릇 화려한 대고(大庫)라도 속이 비었다면 꽉 찬 소고(小庫)를 어찌 따르랴. 비록 소옥(小屋)이지만 조상님의 음덕(蔭德)이 가득하리니 애착과 정성으로 수성(守成)한다면 자손마다 영화(榮華)가 만당(滿堂)하리라. 하찮은 미물들도 귀소본능(歸巢本能)이거늘 하물며 영장(靈長)이야 여부가 있으랴. 나 또한 방황하던 영혼을 서슴없이 안착시켜 자중자족(自重自足)하리라.

세세(世世)마다 주손(胄孫)은 미소(微少)한 현존 부동산을 종물(宗物)처럼 관리하고 유루(遺漏)없이 차(次) 주손(胄孫)에게 전수한다면 면면히 번성하리니 이를 백세에 보전하여 무궁한 발전을 도모하기 바라노라.

二千拾五年 菊秋

胄孫 宰鉉 識

※ 이 고택 복원기(원문)은 고향 옛집의 회상과 함께 다시 새집을 짓게 된 연유를 남기고자 지은 것이다. 이를 새겨 당내 (거실)에 걸고 당호(창산당)도 처마 아래 걸었다.

청하 사종詞宗님의 팔순에 즈음하여

청하 성기조 사종님! 어느 새 망구望九의 문턱 앞인 팔순을 맞이하셨군요. 빛나게 맞이하시는 팔순과 더불어 기념문집을 출간하시는 사종님께 진심으로 축하의 말씀을 드립니다.

제가 청하 사종님과 인연을 맺게 된 것은 이 지역 문학계의 사백詞伯인 박종해 시인 때문이었습니다. 저의 졸렬한 처녀작인 수필집을 배송하였더니 그것을 읽은 그는 과분한 덕담과 함께 다짜고짜 등단을 하라는 것이었습니다. 이것들은 퇴임할 무렵에 여남은 편의 시 나부랭이를 포함하여 습작삼아 써 모았던 작품들인데, 어느 쪽이든 상관없다며 강권을 하였습니다. 그것이 계기가 되어 2000년도의 ≪문예운동≫지에 「모란꽃」이라는 졸작(수필)으로 주제넘게 등단하게 되었습니다. 지금 읽어보면 미진하기 짝이 없는 장황한 작품이었다는 것을 느끼게 됩니다. 그럼에도 사종님 이하 심사위원님들께서 내치지 않은 것은 늦둥이라는 배려 때문으로 여겨집니다.

글과 표지 등에서 사진으로만 뵙던 사종님을 직접 뵙게 된 것은 등단 후 1년쯤으로, 대구의 어느 문학행사에 참석차 오셨을 때였던 것으로 기억됩니다. 이 자리에는 박종해 사백은 물론, 타 지역에서 오신 몇몇 문인들이 함께 했습니다. 그때 사종님의 모습은 참으로 인상적이었습니다. 장부다운 듬직하신 체구는 가히 무인을 연상케 했는가 하면, 윤기 흐르는 반백의 모발에다 과묵하고 위엄이 넘치면서도 미소를 머금은 듯한 용모는 지덕을 겸비하신 진정한 선비다운 모습이었습니다.

그 후 또 한 번 오셨습니다. 역시 처음 뵈올 때의 그 모습이었습니다. 그때는 여한경 시인을 비롯한 재구 청하문학 회원들도 더러 있었습니다. 인사를 드렸더니 저를 기억하시고는 빙그레 웃으시면서 "조 선생은 글이 실리지 않은 것 같던데, 작품 활동을 좀 부지런히 해 보시죠."라고 자극을 주셨습니다. 그것이 사실이었기에 관심을 가져주신 데 대하여 감사하기도 하고 부끄럽기도 했습니다. 그렇게 된 배경에는 저의 글 솜씨가 등단작가로서의 활동에 자신이 없었기 때문이기도 했습니다만, 친구들과 어울려 바둑 두고 술 마시는 것을 더 즐기다보니 더욱 그렇게 될 수밖에 없었습니다. 삶에 대한 도약과 발전은 자극으로부터의 반사에서 비롯되듯이 사종님의 그 한마디 말씀이 저의 문단활동을 채찍질하는 계기가 되었음은 물론입니다.

청하 사종님은 우리나라 중등교육 및 대학교육에 평생을 바쳐 인재를 양성하신 산 교육자일 뿐만 아니라, 우리 문단 발전의 중추적 역할을 하신 문학가로서, 누구든 감히 필적할 수 없는 거성이십니다. 우선 사종님이 쌓아 놓으신 그 엄청난 작품량이 그것을 말해 줍니다. 지난번에 한국문화사에서 집대성하여 펴내놓은 수필전집을 마주한 독자라면 누구라도 어안이 벙벙하지 않을 수 없을 것입니다.

모든 작품들의 소재가 종횡무진으로 넓고 깊어 마치 우주를 연상케 합니다. 그 속에는 이성과 감성이 조화된 희로애락의 서정과 서사는 말할 것도 없고, 문학인들이 가깝게 하기를 꺼려하는 사회 현실문제들도 빼놓지 않고 다루었습니다. 어디 그것뿐입니까. 소설·시·동화·서평 등 모든 장르를 내 집 안방 드나들 듯 넘나드시며 무소불위의 작품을 쏟아냄으로써 마치 활화산에서 솟아오르는 용암을 방불케 했으니 그 폭발력의 경이로움을 금할 수 없습니다.

거기에 더하여 세계 문필가들의 교류 무대인 국제펜클럽 회장을 역임하셨으며, 문단을 살찌우게 하는 한국문학진흥재단을 설립, ≪문예운동≫과 ≪수필시대≫를 함께 발행하셨으니 많은 문학인들의 등용문이 됨은 물론, 문학을 사랑하는 독자들의 요람의 장이 되게 했음은 말할 나위가 없습니다. 더욱 놀랍도록 실감나는 것은 사종님의 연보입니다. 그 속에 고스란히 수록된 엄청난 업적들을 대하니 저 같은 무지렁이로서는 감히 상상에조차 다다를 수가 없어 가위눌리지 않고는 배길 수가 없습니다. 비록 팔순의 연륜이 짧지는 않지만, 인간이 태어나서 미래의 준비를 위한 학습기를 빼고 나면 그 활동시간이 매우 한정적일 수밖에 없습니다. 그러하건대 동량지재의 양성과 함께 문학 진흥에 씨를 뿌리고 그것을 거두어들이신 업적만으로도 가시적 시간과는 대입시킬 수가 없는 불가사의한 일이거늘, 이를 초극하시어 사회 문화 활동에까지 빼놓지 않고 정열을 쏟아부었으니 이에 투입되는 모든 지혜의 에너지는 과연 어디에서 용솟음치는지 참으로 신비스럽지 않을 수가 없습니다.

이 경의와 신비의 산물은 태산이 되어 하늘에 다다랐으며, 거기에서 발산되는 눈부신 광채는 대지의 사방에 퍼져 이 삭막한 풍진세상을 인덕과 청량으로 정화하였습니다. 사종님의 업적이 이처럼 우람 무변無邊하시기에 그 발등 높이에도 이르지 못할 하잘것없는 주제로서는 가까이 다가갈수록 눈이 부시는 현기증만 느낄 수밖에 더 있겠습니까. 하지만 그럴수록 저로서는 다른 어느 문예지의 발행인과는 비교할 수 없는 존숭尊崇의 고귀한 감동이 될 수밖에 없습니다. 그러니 어찌 ≪문예운동≫을 통해 등단하게 된 것을 자랑스럽게 여기지 않을 수가 있겠습니까.

청하 사종님은 남다르신 선대 세계世系의 후예이시기도 합니다. 현조이신 우계 선생(휘: 성혼·시호: 문간)은 성리학의 대가이시며 기호학파의 이론적 근거를 닦으신 분으로서, 좌의정에 추증, 문묘에 배향되셨으니 모든 자손의 축복이며 가문의 영광이 아닐 수 없습니다. 선생께서는 율곡 선생과 교분이 남달랐으나 사단칠정의 학설에 있어서는 그분의 기발이승 설에 대하여 퇴계 선생의 이발 설理發 說을 지지, 논변하시기도 했습니다. 비록 귀문과 세의世誼는 닿지 않았지만 비鄙 선조 지산 선생(휘: 호익)은 퇴계 선생의 문인으로서 역시 문간의 시호를 받은 성리학자宣祖 親筆 賜: 關西夫子이시며, 사종님과 저는 같은 관향이기에 가문의 공통점이 없지 않습니다. 때문에 여느 사람들과는 또 다른 향수심 같은 것을 느끼기도 합니다.

청하 사종님께서는 삶의 마루마다 참된 족적의 기념문집을 빠짐없이 남겼습니다. 이순의 회갑 문집은 삶의 순리에 대한 기념문집이며, 종심의 고희 문집은 마음을 좇아 살아오신 기념문집이며, 이제 팔순을 맞이하여 펴내시는 『팔순기념문집』은 청하 사종님께서 지금까지 살아오신 모든 장엄한 족적들이 한데 어우러져 집대성된 참연嶄然한 대미大尾의 문집입니다. 하오니 그 보상의 값어치는 서녘하늘을 짙붉게 물들인 광채 찬란한 노을일 것입니다.

사종님의 그 명성이 이처럼 드높은 데다, 밖으로는 탄회坦懷의 고

붕이 가득하시고, 안으로는 금슬의 반려자와 해로를 즐기시며, 아래로는 출람出藍의 후학들이 우러러 사모하고, 애육의 슬하에는 윤옥·영애들의 효심이 지극하니 곽분양郭汾陽의 영화인들 무엇이 부럽겠습니까.

부디 내외분께서 존체 늘 강녕하시고 연년 익수하시어 미수는 물론, 구순·백수도 누리시며 그 때마다 기념문집 발간하시기를 진심으로 기원합니다. 감사합니다.

고향 동민에게 드립니다

고향 동민 여러분! 그간 안녕하십니까? 그리운 마음으로 인사드립니다.

종동은 내가 생장生長했던 꿈에도 잊을 수 없는 사랑하는 고향입니다. 곰곰이 따져보니 그 정든 고향을 떠나 부평초처럼 객지를 떠돈 지가 어언 반세기가 넘었습니다. 누군들 고향을 버리고 싶어 떠나온 사람이 어디 있겠습니까? 변모하는 당시의 세태에 편승하다보니 어쩔 수 없이 그렇게 되었을 따름입니다.

그러다보니 수백 년 동안 안거하던 종정지가鐘鼎之家마저 버리고 나올 수밖에 없었습니다. 전설 같던 그 고택故宅은 우리 소 가문의 선조先祖이신 통덕랑 공通德郎 公이 치가致家하신 이래 200년에 가까운 세월 동안 자자손손이 가전계세家傳繼世의 창성昌盛을 이룩해온 세거처世居處였습니다. 하지만 지금 그 자리에는 옛 형상을 찾을 수 없는 무상無常 무연無緣만이 서 있을 뿐입니다. 조상님들의 숨결이 녹아있던 고택이 이처럼 사라졌다는 것은 어찌 가슴 아픈 일이 아니겠습니까. 이를 지켜오지 못한 후손으로서는 조상님들에게 득죄는 물론, 동민들에게도 부끄러운 일이 아닐 수 없습니다.

하지만 그 주변에는 조상님들이 잠드신 선영이 모셔져 있고 그분들이 가꾸시던 한 뙈기의 밭이라도 남아있어 그나마 위안이라고 해야겠습니다. 뿐더러 천진난만하게 뛰놀던 내 소년기의 자화상이 마을 곳곳에서 반딧불처럼 날아다니기도 하고 꿈속처럼 몽롱한 추억들이 안개처럼 피어오르기도 하니 어찌 어머니 품속 같은 그 고향을 잊을 수가 있겠습니까. 다만 반세기라는 세월의 무게 때문에 영원으로 떠나버린 부모님 세대들이며 주야로 함께 뛰놀던 철부지 벗들이 더러는 먼 길을 떠났거나 뿔뿔이 흩어져 찾을 길이 없으니 속절없는 세월이 야속할 뿐입니다.

우리 가족이 고향을 떠날 즈음에는 모두가 보릿고개라는 춘궁기를 극복해야 할 가혹한 시절이었습니다. 그랬던 곤궁의 연속에서 한 분의 위대한 영도자가 나타나 노아의 방주(方舟)를 띄워 우리 국민 모두를 태웠습니다. 이에 고향 동민 여러분도 함께 승선하시어 열심히 노를 저었습니다. 이 노고가 헛되지 않아 모두가 가난을 씻어내고 보상의 격양가(擊壤歌)를 부르는 계기가 되었으니 참으로 다행이 아닐 수 없습니다.

이제 고향은 옛날의 찌들었던 그런 마을이 아닙니다. 1년에 한 두 차례씩 다녀올 기회를 얻을 때면 그때마다 흐뭇한 마음을 금할 수가 없습니다. 집집마다 수세식 좌변기에다 자가용 차량이 숱하고 시궁창 같았던 도랑은 하수도가 갖추어진 말끔한 골목길로 바꾸어져 있습니다. 마치 도시와 다를 바가 없으니 참으로 격세지감이 아닐 수 없습니다. 이집 저집 들러서 물 한 모금 마시고는 지난 세월을 헤아리며 정담이라도 나누고 싶은 충동을 느끼곤 합니다. 그럼에도 늘 바람처럼 지나쳐버리고 마니 나의 메마른 심사 때문이라고 해야 할 것 같습니다. 하지만 내심으로는 일가친척은 물론, 고향을 지켜주신 모든 동민들에게 감사의 마음을 늘 잊지 않고 있습니다. 살길을 찾는답시고 고향을 버리고 간 사람들을 갉지 않고 이처럼 굳건히 지키며 살맛나는 마을로 만들어 놓았으니 말입니다.

종심從心의 나이에 이르니 늦철이 들었거나 아니면 귀소본능歸巢本能이 발동했기 때문인지는 모르겠습니다. 드디어 그 동안 나는 '고향과 고향 분들을 위하여 무엇을 했는가?' 라는 자문自問에 이르게 되니 말입니다. 이처럼 지난날의 처신을 되씹어 보고는 하찮은 성의나마 표하는 것이 도리라고 여겨졌습니다. 하지만 그 실천 내용이라는 것이 보잘것없는 생색치레 같아 동민 여러분의 안중에 미칠지가 염려스럽습니다. 이에 굳이 변명을 늘어놓자면 평생 공직으로 일관하다 보니 은연중에 안분지족安分知足이라는 생리에 젖은 탓인지도 모르겠습니다.

우리 문화에는 서양에서는 찾을 수 없는 '정분情分'이라는 단어가 있지 않습니까. 이 정분은 물질의 과소寡少로 평가되는 것이 아니라, 서로 마음의 나눔에서 비롯되는 것이라고 생각됩니다. 이것을 정분지족情分知足이라고 한다면 안분지족과 정분지족은 일맥상통할 것 같습니다. 오늘 소액(200만 원)의 미성微誠을 전함도 이와 같은 맥락에서 비롯되었으니 부디 소납笑納하시어 오는 가을 위로의 단풍행락이라도 한번 하시거나 혹은 필요한 곳에 유용하게 사용하신다면 더할 나위 없겠습니다.

그간에 출간했던 나의 졸저拙著도 동민 여러분들의 여가시간이나 농한기 때 혹시 활용될 수 있을지 몰라 내친김에 함께 동봉하니 적의適意 선처하시면 고맙겠습니다. 아무쪼록 내 고향 종동의 무궁한 발전과 더불어 모든 가정에 평강과 만복이 내내 충만하시기를 진심으로 기원합니다. 감사합니다.

2013년 9월 일

寓居 大邱 新岩洞 曺宰鉉 드림

朴景來 先生님 座下

※ 아래의 글은 박경래 씨라는 분이 보내주신 문집을 받은 후에 보낸 답신이다. 박 선생님은 전남 태생의 광주시민으로서 나와는 일면식도 없는 사이이다. 그럼에도 그분은 그의 선 조부의 문집을 보내 오셨다.

그 분의 방 선조인 성리학자 죽전 박광전 선생이 호남인으로서는 몇 안 되는 퇴계 이황 선생의 문인이었는데, 보내주신 그 분 조부의 문집을 읽어보고서야 비로소 그 사실을 알게 되었다. 비(저의) 선조(시호: 문간공)도 퇴계 문인이었기에 아마도 같은 문도의 후손(퇴계 선생 문도 후손들의 인명록 참조)이라는 연유로 그 분 조부의 문집을 우송한 것으로 여겨진다. 이는 영·호인 간의 선대의 연고로 인한 정의情誼와 친목은 물론, 이 같은 일이 계기가 되어 지역 간의 갈등 해소에도 미력이나마 일조가 될 것 같기도 하다. 아무튼 이 분의 성력이 놀라울 뿐더러 고마운 마음을 버릴 수가 없기에 회사回謝의 답신(아래)을 보냈다.

(※ 이 답신에 대하여 그 분은 또 "뜻밖의 사례의 답신을 받고 보니 너무 과분하고 고마워 진심으로 감사의 말씀을 드립니다."라고 전화를 했다.)

甲午 新年에 朴 先生님의 尊體 康寧하심을 仰祝하나이다.

훌륭하신 貴 先 祖考 强齋公의 文集 出刊을 眞心으로 祝賀드리오며, 이 所重한 文集을 遠地의 菲才에게까지 郵送해 주신 데 對하여 眞心으로 感謝의 말씀을 드립니다.

文集을 暫時 奉覽하옵건대 强齋公께서는 韓末의 선비로서 學問은 한 고을을 덮었으며 孝悌 또한 至極했음을 엿볼 수 있었습니다. 特히 日帝 强占期에는 民族의 魂을 지키기 위하여 奮然히 抗拒하셨으며 不遇한 難民들에게는 仁德을 베풀기에 서슴지 않으셨습니다. 그러니 누구인들 이에 龜鑑이 되지 않을 수가 있겠습니까.

湖南의 名文家이신 貴門과는 비록 山河가 隣接치는 않았으나 그 緣分만은 隣接함과 다를 바가 없습니다. 壬亂의 功을 세우신 貴 先祖 石亭公도 훌륭하실 뿐더러 貴 傍 先祖 竹泉 朴光前 先生이 退溪先生의 門人이시며, 鄙 先祖 芝山(謚號 文簡公, 諱 好益)先生 亦是 退溪의 門人으로서 學脈이 같은 南人의 後裔가 아니겠습니까. 그러니 이미 時空의 隔阻를 뛰어 넘었습니다.

그 緣分으로 因하여 門徒의 後孫들이 '陶雲'이라는 會를 組織하여 每年 嶺·湖南을 交流하며 友誼의 脈을 이어가고 있다하니 이는 참으로 自矜스런 일이며 祖上님들의 蔭德이라 아니 할 수 없습니다.

下送하신 文集은 所重히 간직하여 格調로운 文章들을 늘 吟味하고 感想하겠습니다. 다시 한 번 感謝의 말씀을 드리며, 恒常 平康하시기를 祈願합니다.

添言하옵은 回謝의 禮로 金 參萬원을 同封하오니 弱小하나마 笑納을 仰望하나이다.

甲午 1月 20日

曺 宰 鉉 拜上

광대고속도로

'아니 광대고속도로라니, 광대가 고속도로에서 무슨 춤이라도 춘다는 말인가?'

듣고 보아도 참으로 생뚱맞은 이름이 아닐 수 없다. 엊그제 확장 개통한 팔팔고속도로의 개명된 이름이다. 저녁 무렵 뉴스에서 흘러나와 알게 되었다. 도대체 무슨 도로 명을 이 모양으로 지었는지 이해가 가지 않았다. 시중에 들리는 얘기로는 달구벌과 빛고을의 첫 글자를 따서 달빛고속도로로 하려는데 어디에서 반대를 한다고 들리더니 결국 이렇게 되고 말았다.

울화가 치밀어 올라 주관청인 대구시에다 항의 겸 재검토 건의라도 하고 싶었다. '달빛' 이름의 채택에 장애가 있다면 의미 있고 어감 좋은 당초 이름을 그대로 두든지, 아니면 '광대'가 아닌 '대광'으로 지었다면 의미도 좋고 어감도 좋았을 것이다. 예로부터 양 지명 호칭의 선후는 서울이 우선이며 일반적으로는 동쪽 또는 좌측이 지역이 우선이다. 경부선 경평선 등이 그것이며, 동서라든가 영호남도 같은 맥락이다. 또 각 도를 호칭할 때도 경기 강원 충정 경상 전라 순서로 해왔다. 이 예에 따른다면 당연히 대광고속도로가 백번 맞다.

그럼에도 하필이면 하지하의 이름인 광대로 지어 놓았다. 이처럼 순리의 이름을 버리고 역리의 이름을 채택한 이면에는 그 연유가 있었다. 국토교통부의 법령(시행령)에 종전과는 반대로 서쪽부터 우선하도록 정해 놓았다는 것이다. 만약 역지사지로 광주시민이 대구시민이었다면 이름이 이렇게 되었을 리가 만무하다는 생각이 든다. 가만히 생각해보니 이런 지칭은 이미 오래 전부터 시행되고 있었다. 일기예보 때의 지역 순이 이와 다르지 않았다. 노랫말로 흉내 낸다면 서울 대전 광주 찍고 부산 대구 강릉 순이다. 처음에는 그것도 모르고 대구시장과 업무 추진부서만 머저리 같다고 책망을 했다.

이 법령이 인제 개정되었는지는 나로서는 정확하게 알 수가 없다. 다만 추리컨대 김대중 전 대통령 재임 때 호남인들의 차별 배제 및 우대 정책의 일환에서 비롯된 것이 아닌가 싶다. 그때 시행한 전국민 호적의 본적 삭제 및 시도별 차량번호 구분 폐지(변경), 등이 그것이다. 이와 더불어 정부 및 공기업에 호남인들이 적극 기용되기도 했다. 그 대표적인 것이 대공 전선의 최선봉 기관인 안기부에 기존 전문 인력을 밀어내고 그 자리에 이들이 대거 충원했다고 한다. 이때 국토교통부도 예외 없이 호남 출신들이 많이 진출했을 것이다. 김 전 대통령을 비롯한 호남인들 대부분이 좌파 성향 때문인지는 모르겠지만 이 후로는 간첩을 한 명도 잡은 일이 없다.

정확한 통계는 낼 수 없지만, 본적의 삭제로 정부 각 부처에도 호남 말투를 쓰는 사람이 타시도 보다 대체로 많은 느낌이 든다고 한다. 이들은 애향심이 투철하며 특히 경상도 사람들을 시기한다는 것이다. 아마도 이런 여러 가지 연유들 때문에 지역 간의 지명 호칭 시행령도 바꾼 것이 아닌가 싶다. 이로 미루어볼 때 호남인들을 위한 모든 사안들이 치밀한 계획아래 추진되어 왔지 않을까 싶다. 천사백만 명이나 되는 호남인들의 향우회는 그 조직력과 응집력이 다른 타 시도 민에게는 볼 수 없는 위력을 가지고 있다. 이들 대부분은 수도권에 포진하고 있다. 까닭에 요즘 인터넷의 누리꾼들은 서울의 문화가 점차 호남인 중심으로 변질되어 가고 있다고 주장할 정도다.

대구시는 이런 광주(호남)인의 속내도 모르고 양 도시간의 문화교류와 친선을 도모한다며 일 년에 몇 차례씩 상호 방문을 하기도 했다. 그러던 중 얼마 전에 대구시가 주관하는 민간단체의 회원 백여 명이 광주 초청에 응했다가 큰 수모를 당하고 돌아오는 사태가 발생했다는 것이다. 세미나의 연사로 출연한 전 전남대 총장이 천수백 년 전의 백제 패망 역사를 들먹이면서 그 승자의 후손들로부터 늘 차별받아 왔다고 토로하는 등 초청 객들이 듣기 거북한 말들을 쏟아내었다고 한다. 이 바람에 일부 회원들이 퇴장하는 등 세미나는 엉망이 되었다는 것이다. 이거야말로 업어다 난장 치는 격이며, 작심정하고 물 먹이는 꼴이 아니고 무엇이랴. 참으로 어처구니가 없는 일이다.

북한 특수 군들과 민간인들이 내려와 저지른 광주 폭동사건을 경상도 군인들이 일으켰다고 덮어씌워 많은 재미를 보더니 고속도로 이름도 느닷없는 광대로 지어놓고는 하는 짓거리도 광대같이 놀고 있는 것 같다. 흰 개꼬리 3년 굴뚝에 넣어두어도 검은 개꼬리 안 된다는 속담이 떠오른다. 어쨌거나 이일에서 그들은 승자이고 우리는 패자이다.

태극기 유감有感

지난 광복절 아침이었다. 대문 위에 태극기를 내걸 요량으로 늘 보관해 두던 마당 앞 간이창고의 문을 열었다. 하지만 태극기는 보이지 않았다. 순간 집사람의 말이 직감적으로 떠올랐다. "국기가 낡고 때가 묻어 바꾸어야겠다."는 말을 벌써 여러 번 들었기 때문이다. 나는 그 말을 듣고 "씻어서 쓰자"고 했더니 "국기는 더러우면 태우거나 땅에 묻어야 된다."고 하는 것이다. 국기 관리에 대한 요령을 어디서 확실히 습득한 모양이었다. 이 날의 국기 게양은 당연히 수포로 돌아갔다.

국기는 나라의 상징이다. 국기를 사랑하는 국민이 애국심도 높다. 그런 나라를 꼽는다면 다민족 국가인 미국을 빼놓을 수가 없다. 그들은 평범한 시민일지라도 성조기의 강하식을 접하게 되면 가던 길을 멈추고 가슴에 손을 얹는다고 들었다. 국가는 이런 국민들에게 보상을 잊지 아니한다. 자유를 지키기 위하여 세계 각국의 분쟁지역에 파병되어 청춘을 불사르며 싸우다가 산화散華한 장병들의 유골이나 시신을 수습하여 극진하기 이를 데 없는 장례식을 치르는 모습이 그것을 의미하는 것들 중의 하나일 것이다.

그러면 우리는 어떤가? 이에 비하면 어처구니없는 수준이니 참으로 안타깝지 않을 수 없다. 일제의 압정 속에서도 조국의 해방을 염원하며 장롱 속에 깊숙이 숨겨두었던 독립투사들의 태극기며, 광복과 더불어 방방곡곡에 물결쳤던 그 태극기가 아닌가. 이 땅의 허리가 느닷없이 동강나면서 동토의 땅 북쪽에는 급조된 인공기가 등장했지만, 우리는 국가와 민족의 정통성을 상징하는 우리 고유의 그 태극기를 다시 나부끼게 했으니 이 얼마나 감격스럽고 자랑스러운 일이 아니랴! 이처럼 소중한 태극기가 적어도 '80년대 초까지는 그런대로 누리마다 잘 펄럭였다. 애국심을 겸한 반공교육의 덕분이었다.

이러한 의미심장深長한 태극기가 언젠가부터 점차 빛이 바래지고 말았다. 국민들의 뇌리에서 지난날의 역사는 스름스름 안개가 덮이게 되고, 가치빈곤의 물질적 풍요와 더불어 혼돈된 이념의 덫은 칡넝쿨이 무색할 정도로 번져나갔기 때문이다. 오래 전에 벌어진 부산아시안게임 때는 북한과의 단일팀 구성의 빌미로 태극기 대신 한반도기가 나부끼더니 그 이후로는 좌익 종북 세력들이 남북한에 관한 이슈만 있으면 한반도기를 들고 나온다. 태극기의 나부낄 자리를 그만큼 빼기게 된 셈이다.

뿐만이 아니다. 빼기지 아니한 온전한 자리마저도 그대로 방치해버려 태극기를 볼 수가 없다. 국경일이나 혹은 기념일 때 주위를 살펴보노라면 그 실상은 참담한 수준이다. 군집한 아파트 단지에는 창문 앞에 더러 펄럭이는 국기의 모습을 볼 수가 있어 그나마 다행이랄까. 하지만 일반 상가나 주택들은 가뭄에 콩 나듯이 어쩌다 한두 곳씩만 눈에 뜨일 뿐이다. 이 황량하기 이를 데 없는 현상의 근원은 국가가 국민들에게 애국심의 고양高揚과 아울러 태극기의 소중함을 일깨우지 못했기 때문에 빚어진 일이라고 해도 지나치지 않을 것이다.

상업방송은 그렇다손 치더라도 공영 TV나 방송매체들이 뉴스 끝부분 때면 더욱 좋고, 하다못해 인기 없는 프로그램일지언정 "내일은 ○○일입니다. 여러분 국기를 내겁시다."라는 진행자의 한마디 독려 겸 안내만 있다면 상황은 사뭇 달라질 것이다. 살기 바쁜 서민들이야 무슨 날인지 몰라서이거나, 비록 안다 할지라도 돈 생기는 일도 아닌데, 국가도 관심 없는 국기 게양을 무엇 때문에 그렇게 챙기려 하겠는가.

또 내걸지 못한 사정을 캐 본다면 태극기를 준비해 놓지 못한 가정들도 상당히 많을 것이라고 생각된다. 설령 이런 가정들일지라도 어지간한 관심을 가지지 아니한다면 일부러 국기 상을 찾기란 현실적으로 용이하지가 않다. 나 역시 그랬다. 판매처를 확인한 후 여러 번을 벼른 끝에야 비로소 구입해 두었다. 나 같은 늙은이야 구입에 필요한 제약이나 구애됨이 따를 정도가 아님에도 그럴진대, 항차 생업에 쫓기는 가정들이야 이 일을 마치 화장실 다녀오듯이 챙길 수가 있겠는가.

총선을 앞둔 정치권에서는 온통 복지정책을 쏟아내고 있다. 그리스를 비롯한 구미 각국들이 이러한 포퓰리즘에 빠져 국가가 부도날 위기에 몰려있음을 우리 위정자들은 물론, 국민들도 잘 알고 있다. 만약 이대로 간다면 우리도 이들의 전철을 밟지 말라는 보장은 없다. 그러니 위정자들은 국민들에게 포퓰리즘의 곶감을 먹이려는 잔꾀의 정치를 지양하고 비전이 내포된 진정성의 정치를 해야 한다.

그것에는 안보도 포함된다. 그러면 국민들로서는 국가에 대하여 믿음과 애정을 쏟을 것이다.

이와 더불어 국가나 지방자치단체가 새 가정을 꾸미는 신생 부부에서부터 국기가 없는 기성가정에 이르기까지 점진적으로 태극기를 무료 보급한다면 어떨까? 그 비용이야말로 무상복지에 소모되는 재정에 비하면 아무것도 아닐 것이다. 이렇게 하여 가정마다 나라의 상징인 태극기 선물을 받게 된다면 그 느낌은 한결 달라질 것이다. 국가에 대한 전도된 냉소주의 태도 대신 국민으로서의 긍지와 정체성을 공고히 하게 됨은 물론, 태극기를 소중히 여기는 마음이 승화되어 애국심을 고양하는 계기가 될 것이라고 믿는다.

정의, 그대여 일어나라

정의, 그대 거룩한 이름이여! 그대는 지금 가눌 수 없는 세파에 시달리다 못해 어디 잠시 머리를 식히려 마을이라도 나갔다는 말인가. 그렇다면 그나마 다행이련만 달리 이 풍진 세상을 감당할 수 없어 삼수갑산 깊은 곳으로 숨어들었거나 아니면 지쳐 스러지기라도 했다면 이 일을 어쩌랴. 그대가 버리고 간 기울어진 그 천칭天秤저울은 누가 바로 세우란 말이며, 뒤죽박죽이 된 혼돈의 합주는 누가 지휘하란 말인가?

우리는 반만년 동안 짊어졌던 가난의 굴레를 벗어나 짧디 짧은 기간에 세계가 놀라는 풍요를 누리게 되었으며, 이 시대의 인류가 보편적 가치로 꼽는 자유와 평등이라는 민주주의도 많은 소용돌이를 겪으면서 얻게 되었으니 얼마나 값진 일인가. 이것은 결코 우연이 아닌, 위대한 지도자의 출현과 훌륭한 기업인 그리고 피땀 흘린 노동자들이 삼위일체가 되어 일궈낸 대가의 결실이 아닐 수 없을 것이다. 자유와 평등의 실현 역시 이 바탕이 마련되었기 때문에 가능했던 것이 아니겠는가.

하지만 이에 대한 부작용도 간단치가 않으니 이를 어쩌랴. 우리의 대다수는 일상에서 누리고 있는 많은 물질문화의 혜택에 대한 소중함과 안락함을 과소평가하거나 그것을 느끼지 못한 채 살아가고 있으니 말이다. 그 결과는 삶에 대한 행복감의 체감도가 다른 나라 국민들에 비해 현저히 낮기 때문이라고 한다면 틀린 말일까? 가난에 찌든 나라들도 행복지수가 높은 것을 보면 풍요만이 척도라고 할 수는 없지만, 같은 조건의 다른 나라들에 비해서도 우리 국민들의 행복 체감도가 훨씬 더 낮은 것은 우리들 스스로가 반성해 문제가 아닐 수 없을 것이다.

이런 경도傾倒된 국민 의식의 행태는 위정자들에게 있다고 하면 지나칠까. 이들은 물질의 풍요를 이루는 데는 어느 정도 이바지했을지 모르지만, 정신세계를 올바로 안착시키는 정책은 소홀했다고 생각되니 말이다. 이들은 항상 자기 도생에만 혈안이 되었을 뿐, 정신문화를 승화시키는 철학이 결여된 정책에서 비롯되었다면 틀린 말일까? 이와 더불어 정치사회는 민주와 반민주, 보수와 진보 같은 이념의 화두로 씨름하며 이 나라를 두 축으로 갈라놓았다. 이런 풍토에 갇히어 국민의 정신세계를 창출하는 문학·철학 등 인문학 분야는 정치 구심력의 블랙홀로 빨려 들어가고 말았으니 안타깝지 않을 수가 없다.

때문에 인문학들은 갈 길을 잃고 헤맨 지가 오래이다. 그러니 어찌 헌법이 천명闡明한 올바른 인간 본연의 가치가 구현되겠는가. 참다운 행복의 가치 기준이 제대로 정립될 수 없음도 바로 여기에 있다. 이로 인해 사람들은 심리적 공황에 빠져 결국에는 그것이 온갖 비정상들을 낳게 됐다고 하면 과언일까? 인간의 내면을 수양하고 사회질서를 확립, 순화시키는 것은 수기치인修己治人의 인본 교육에서 비롯된다. 일본은 명치유신 때 이퇴계 선생의 성리학 사상을 교육칙서에 반영하였으며, 중국은 공자사상을 유치원부터 다시 가름침도 그 때문이 아니겠는가.

더 큰 문제는 학생들의 국가관을 왜곡시키는 전교조들과 민주화라는 미명 아래 반국가적 행위를 일삼는 좌파 세력들이다. 정부가 편향된 검인정 역사교과서를 국정으로 바로 잡겠다고 나서니 야당과 재야 세력들이 사생결단 반대를 하더니 끝내는 광화문 앞에서 대규모 폭력집회를 열어 난장판을 만들었다. 그래놓고는 반성의 기미는커녕 도리어 기고만장이니 참담한 현실이 안타까울 뿐이다. 정의여! 그대는 지금 어디에서 무엇을 하고 있는가?

그 대가는 자못 크다. 이념과 이념이 충돌하고, 지역과 지역이 갈라섰다. 도덕과 윤리는 시류에 매몰되고, 비양심이 양심을 타박한다. 거짓이 진실을 왜곡하고, 악이 선을 농락하며, 역리가 순리를 매도하고, 질투와 저주가 영혼을 병들게 하며, 불의와 비행이 사회를 병들게 한다. 개념 없는 이기주의가 분별없이 날뛰고, 메마른 합리주의는 무구無垢한 정의情誼를 외면하는, 그야말로 정상이 비정상에 매몰되어 극치의 혼돈들이 엉겨 붙어서 불협화음을 연출하는 세상 속에 우리는 살아가고 있다.

정의 그대여! 참으로 안타깝구나. 거룩한 그대를 외면한 것은 우리들의 분별없는 처신 때문이라는 것을 그대도 이미 알고 있지 않는가. 하니 그것을 고깝게 여기지 말고 주저 없이 털고 일어나라. 그리하여 이 혼돈의 합주를 멈추게 하고 정의의 소야곡을 넘치도록 부르게 해다오.

역사란 얼마나 정직한가?

박근혜 정부는 요즘 고교 역사교과서 개편을 위하여 반대파들과 전쟁을 벌이고 있다. 편성의 다양화를 위하여 도입한 검인정 교과서가 80년대 초의 대학 출신 집필진과 전교조들이 합세하여 본래 취지와는 달리 좌편향 내용으로 저술하여 교육시키고 있기 때문이다. 그들이 겉으로는 역사교육의 다양성을 주장하고 있지만, 그 내면에는 기만이 숨어있다. 자신들의 편향된 내용은 숨겨 둔 채 "국정화는 친일·독재"라는 구호 아래 선량한 국민들을 오도하고 있는 것이 그것이다. 만약 현 정권이 이 전쟁에서 패배한다면 나라의 장래가 암담할 수밖에 없다

김영삼 전 대통령은 재임 시에 역사 바로세우기 운동을 전개했다. 이 조치에 대한 대표적인 사례는 일제의 잔재인 조선총독부 건물의 철거라든가, 광주 5·18 사태를 민주화 운동으로 둔갑시킨 것이며, 이와 함께 전직 두 대통령에게 이런 저런 죄를 뒤집어 씌워 감옥에 보낸 것도 빼놓을 수 없을 일이다. 하지만 나는 요즘 이와

관련한 역사가 과연 얼마나 정의롭게 실현되었으며, 또 그것이 얼마나 정직하게 후세에 전달될까라는 의구심을 떨쳐버릴 수가 없다. 그 이유는 고금을 막론하고 권력을 재단하는 세력들이 특정의 역사를 그들의 입맛대로 조작하는 경우가 허다했기 때문이다.

정사(왕조실록)에는 기록이 없지만, 조선조 12대 임금인 인종의 죽음이 그 한 예라고 할 수 있다. 중종의 둘째 비인 문정왕후는 친자(명종)를 보위에 앉히기 위해 장경왕후가 낳은 인종을 없애려고 온갖 몹쓸 짓을 다했다고 야사는 전해온다. 그는 툭하면 인종을 찾아가 다그쳤다. "우리 모자를 언제쯤 죽일 거냐?"고 다그치기도 했으며, 또 편전에 불을 질러 죽이려 했다고도 한다. 그러다가 끝내는 문정왕후가 건네준 떡을 먹고 승하했음이 지배적인 전언이다. 재위 9개월 만에 있었던 일이다. 이후 명종이 등극하자 문정왕후는 수렴청정을 하면서 동생 윤원형을 내세워 인종의 세력들을 괴멸시키는 을사사화를 일으키기도 했다.

이와는 달리 정사에는 아무런 기록이 없음에도 교과서에까지 올라있는 어처구니없는 역사도 있다. 율곡 이이의 10만 양병설이 그것이다. 이 설은 사계 김장생이 자신의 스승인 율곡의 행장을 지으면서 아무 근거도 없는 거짓을 기록하는 데서 비롯된다. 그 후 우암 송시열이 또 율곡의 연보에다 등재함으로써 고착화되었다. 이 왜곡된 역사가 절정에 오르게 된 것은 근대 역사학자 이병도가 자신의 저서(1965년도 출간)에 이를 수록한 탓도 부인할 수 없다. 친일파인 그는 단군신화를 비롯한 우리의 고대사를 송두리째 잘라 던져버린 소위 실증주의 역사학자이기도 하다. 그런 그가 단군신화보다 더 허황된 역사를 수록했음은 참으로 아이러니한 일이 아닐 수 없다. 역사란 이처럼 권력의 향배(向背)에 따라 있던 일도 없었던 것으로, 없던 일도 있었던 것으로 조작되거나 왜곡되어 왔음을 적나라하게 보여주고 있다.

광주 5·18 민주화운동이라는 것도 이와 조금도 다를 바가 없다. 문민정부 시절에 특별법을 제정하여 계엄군에 항거한 폭도들을 민주투사로 만들고, 당시를 국가의 기념일로 지정해 놓았으니 법률적으로는 완벽한 민주화운동이 틀림없다. 이런 상황에서 시스템클럽의 지만원 박사가 새로운 사실을 공개했다. 5·18은 북한의 특수군 600명과 다수의 민간인들이 내려와 일으킨 폭동이라며, 참가 군인들과 민간인 수백 명을 당시 사진에다 현존 사진을 비교한 사진(광수)을 제시하고는 그 당사자들을 당국에 여적죄로 신고(고발)해 놓은 상태이다. 이 어찌 경천동지할 일이 아니겠는가?

하지만 5·18 세력들의 힘에 짓눌려 솥뚜껑으로 자라 잡듯이 진실을 덮어버리려는 것이 아닌가 하는 의구심을 떨쳐버릴 수가 없다.

역사라는 것은 이처럼 권력을 가진 자들의 도깨비방망이나 다를 바 없다. 그들이 떠들어대는 '국민들을 위한 정권교체' 라는 말은 대부분 허울에 불과하다. 특히 요즘처럼 민주주의를 게거품처럼 토하며 복지세상을 부르짖는 세력들은 더욱 그렇다. 수성守成하려는 세력과 탈환하려는 세력들의 근본 목적은 오로지 자신들의 영화를 위한 수단일 뿐이다. 역사는 이 과정에서 승자의 전리품인양 아전인수격으로 가공하게 된다. 그러다보니 불의의 역사가 정의의 역사로, 정의의 역사가 불의의 역사로 전도되는 비극이 싹트게 되는 것이리라.

이처럼 진실의 역사는 강자가 만드는 정의라는 이름 앞에서 정직을 빼긴 채 죽어가고 있을 뿐이다. 대명천지 21세기인데도 말이다. 그것은 어쩌면 영원한 진리일지도 모른다.

정치공화국

지난번에 정부에서 서울특별시를 뺀 6개 광역시의 구청장(44명)과 군수(5명)를 관선제로 바꾸고, 기초의회 74곳도 폐지한다는 입법안을 의결했다. 개선 이유는 구 의회의 독자적 과세권 때문에 인접 구청간의 균형 발전의 저해, 상·하위 지자체 간의 종합행정 계획 추진에 대한 마찰, 광역시 및 구의회의 인건비 및 운영비 부담 등으로 인한 재정 압박 때문이라고 했다. 여기에 더 붙인다면 기초 지자체의 불합리한 행정구역 조정의 불가능, 단체장 및 의원 선거에 소요되는 재정의 낭비와 비리 등도 해당될 것이다.

80년대 5공(전두환 대통령)정권을 당시의 민주화 세력들은 스포츠 공화국이라고 비아냥거렸다. 그럼 그 세력들이 주인이 된 지금의 우리 정치상황은 무슨 공화국인가? 나는 서슴없이 정치공화국이라고 말하고 싶다. 자유민주주의가 지상의 지고지선의 가치로 포장되다 보니 모든 정치 풍토가 민주에서 시작해서 민주로 끝나는 세상이 되었다. 이 세력들은 외곽에 '민주'라는 두 글자를 어김없이 집어 넣은 각종 정치단체들을 양성하여 정치 영역을 확장하는 데 필요한 전위대 역할을 삼기도 했다. 이렇게 하여 마침내 시·군·구의 기초자치단체까지 의회가 구성되고, 단체장과 헌법에 정치적 중립으로 못 박힌 교육감도 민선으로 뽑는 건곤일색의 정치판이 되었으니 어찌 정치공화국이 아니랴.

지금 우리는 세계 어느 나라에 비해도 의회 민주주의를 가장 많이 구가하고 있는 나라 중 하나다. 국회의원 수가 미국은 인구 70만 명당, 일본은 27만 명당 각각 1명인데 비해 우리는 16만 명당 1명꼴인 300명이나 된다. 거기다가 전에 없던 광역의원 761명, 기초의원 1,041명이 버티고 있다. 그 대우도 극진하다. 국회의원들은 금년 들어 자신들의 세비를 무려 25%나 인상시켰다. 1인당 세비와 9명이나 되는 비서진의 인건비 등을 포함한 각종 비용이 연간 9억 원에 가깝다. 국회 사무처의 공무원 수도 25% 증가시킨 3,000명에 이른다. 지자체 의원들에게는 처음에 수당만 지급하던 것이 어느새 연봉제로 바뀌어 무려 5,000만 원 상당의 연봉을 하기에 이르렀다.

이런 정치 현실 앞에 18대 대통령 선거를 치렀다. 과거의 대선 때도 그랬지만, 후보자가 많으면 정치자금이나 국가재정의 부담도 그만큼 늘어날 수밖에 없다.

하지만 그들의 주장은 한결같이 경제민주화를 비롯한 구태 청산이나 사탕발림의 원론만 요란할 뿐 정치판의 자정을 위한 각론은 없다. 그 중에 예외인 후보가 한 사람 있었다면 강지원 변호사를 들 수 있을 것이다. 그는 초대 청소년 보호위원장이기도 하다. 혹자들은 그를 돈키호테라고 말하지만, "당선된다면 정치판을 확 바꾸어 놓겠다."고 하면서, "낙선되더라도 이 운동을 계속 펼쳐나겠다."고 소신을 밝혔다. 예를 들면 "국회의원을 100명으로 줄이고 세비도 전액 삭감하겠다."는 것이다. 이런 인물이 소신 있고 순수한 초심의 정치인이라고 할 수 있을 것이다.

자치단체장과 의회들이 지역사회 발전에 기여한 성적표도 나와 있다. 그들 자신들은 "자치단체 발전에 헌신하고 공무원들의 비리를 감시하며 주민의 요구에 부응하는 메신저 역할을 한다."고 떠들어 대지만 현실은 그렇지가 않다. 연일 터져 나오는 전·현직 의원들의 비리가 그것을 증명한다. 지난번 민선 4기의 246명의 시장·군수 중 48.3%에 해당하는 119명이 각종 비리에 연루되었다는 통계만 보아도 어떤 집단의 범죄율보다 높다는 것을 알 수 있다. 여기에다 의회는 의회대로 지자체의 운영에 대한 모든 의결권을 틀어쥐고 쥐락펴락하면서 자신들의 권능을 과시하고 있다.

이를 보다 못한 정부가 법안 마련에 나서기는 했지만, 과연 국회가 이를 처리할 가능성이 있을까? 이 나라가 정치공화국의 폐해에서 벗어나려면 강지원 후보나 김동길 박사 같은 분들의 주장이 관철되었을 때라야 가능한 일이다. 그것이 진정한 정치공화국의 덫에서 벗어나 참 민주주의 메커니즘을 구가할 수 있는 나라가 되는 길이라고 생각된다. 하지만 그것은 마른날에 벼락을 치거나 염소가 물똥 싸는 것을 보는 것이 차라리 쉬운 일이리라. 이번 정부안의 시행 여부조차도 의원 나리들이 쥐고 있으니 누가 고양이 목에 방울을 매달으랴. 결국은 김칫국 마시는 꼴이 되고 말 것이다.

언론 전성시대

고위 공직자나 거물급 정치인이 피의자 신분으로 검찰에 출두하면 반드시 멈춰서야 하는 곳이 있다. 청사 출입문 안의 취재선이다. 이곳에 들어서면 대기하고 있던 기자들이 피의자 주위에 장사진을 치는데 마치 갈가마귀 떼전 같다. 이 숫자가 보통 300여 명이나 된다는 것이다. 그 많은 언론사들이 어디에 다 있을까 싶기도 하다. 하지만 따지고 보면 그렇지도 않은 것 같다. 지방의 언론기관을 짚어보니 심지어 구 단위 신문도 발행되고 있는 것이다. 참으로 언론 전성시대가 아닐 수 없다.

국민의 알 권리를 충족시켜 주기 위하여 언론사를 설립한 사주와 취재를 위하여 동분서주하는 기자들에게 감사해야 할 것 같다. 이 모두가 자유민주주의의 심벌인 언론자유 시대를 만끽하고 있다는 증거다. 과거의 한 때는 언론이 핍박받기도 했다. 전두환 정권 때였다. 그 당시는 방송매체들이 발달되지 않았기에 신문들만 서리를 맞았다. 시·도 단위에 한 신문사만 남겨두고 나머지는 모조리 통 폐합

해버린 것이다. 그 배경에는 언론사들의 과당경쟁으로 자영이 되지 않아 민·관에게 피해를 많이 끼친다는 이유였다.

다른 곳은 모르겠지만, 내가 몸담고 있던 관청에는 그것이 사실이었다. 모든 것이 돈과 연관되었다. 별것 아닌 것도 돈을 안주면 왜곡 또는 침소봉대하여 기사를 쓰고, 잘못 된 것도 돈만 주면 묻혀 넘어갔다. 명절 때나 무슨 행사 때도 촌지 봉투를 건네야 하는데, 중앙지 기자까지 합하면 수십 명에 이른다. 어디 그뿐인가. 걸근거리는 사이비이 기자까지 입을 막아야 하니 그 경비가 다 어디서 다 나오겠는가? 이런 언론의 생리를 뒷 닦음 하다 보니 관청도 비리의 온상이 될 수밖에 없었다. "일 등 기자는 돈 먹고도 기사를 쓰고, 이 등 기자는 돈 먹고는 기사를 못 쓰고, 삼 등 기자는 돈도 못 먹고 기사도 못 쓴다."는 코미디 같은 예기가 공공연했다.

박정희 대통령 때였다. 지역의 가장 권위 있는 신문사의 일등 기자가 일을 내 버렸다. K2의 공군 조종사가 퇴근 후 시내 한 술집에서 동료들과 술을 마시다가 취기가 올라 천장에다 권총 한 발을 쏘아 버렸다. 그는 이튿날 이 사실을 보도해 버렸다. 이 일로 앞산 정보부에 불려갔다가 2 주가 넘어서야 풀려나왔는데 사람이 파김치가 되어 있었다. 이유인 즉 박대통령이 이 사실을 알고 대노했다는 것이다. "파이로트 한 사람 키우는데 얼마나 힘이 드는지 그 기자는 전혀 모르는 모양이군." 이 말 한마디에 아작이 난 것이다. 계장 책상쯤에야 거침없이 걸터앉는 그 일등 기자는 얼마 후에 서울 중앙지 기자로 발탁되어 갔다.

중앙공무원교육원의 교육 도중에 강사로부터 들은 재미나는 예기도 생각난다. 보사부에 출입하는 어느 정의감 강한 새내기 기자가 장관실을 기웃거리다 우연히 특종거리를 발견했단다. 식품에 대장

균이 함유된 회사들의 리스트였다. 곧 바로 편집부에 송고를 하고나니 한 대기업 식품업체 책임자가 헐레벌떡 찾아와서 목침덩어리 만한 돈뭉치를 내밀면서 살려달라고 하더란다. 일언지하에 거절하며 자리를 피했는데, 조금 있으니 회사 편집부장이 "세상이 함께 굴러가는 것이니 한 번 눈감아 주라."고 전화를 하더라는 것이다. 그 날 석간에 자신의 기사가 단 한 줄도 실리지 않은 사실을 알고는 언론의 현주소에 망연자실했다는 것이다.

당시로서는 기자나 공무원들이 얄팍한 월급으로는 생계가 어려웠던 시절이었으니 비리가 따를 수밖에 없었다. 때문에 이를 척결한다는 것은 쉽지 않은 일이었다. 그럼에도 전 정권은 사회전반에 대한 서정쇄신이라는 슬로건 아래 통폐합의 카드를 선택했던 것이다. 역사는 전과자 감호처분을 비롯한 언론 통폐합을 독재정권의 표본이라고 자리매김하지만, 당시를 체험했던 일반 국민들은 대다수가 고도 경제성장과 물가안정을 동시에 일궈 낸 전 정권을 지금도 수긍하고 있는 것이 사실이다.

민주화 운동이 요원의 불길인양 타오르면서 언론도 우후죽순처럼 다시 솟아나 온 강토에 번져나갔다. 표현의 자유라는 미명아래 언론 출판물의 검열도 거의 사라졌다. 어느 민주국가에도 뒤지지 않는 언론 공화국의 반열에 오른 것이다. 언론의 자유를 이 보다 더 만끽하고 있는 나라가 또 어디 있으랴. 하지만 혼탁한 정치 사회 문화 속에서 언론기관만 지고지선의 집단이 될 수 없으니 그 속에도 방종과 허구가 존재할 수밖에 없다. 그 대표적인 예가 삼양라면의 불량식품 사건을 비롯한 뽀빠이 이상용의 자선 사업자금 횡령 사건의 오보와 "나는 공산주의가 싫어요."라는 이윤복 어린이를 매도한 것들이 그것일 것이다. 이윤복 사건은 언론사끼리 벌어진 일로서 당시 현장 취재에 임했던 조선일보가 명확한 반증을 했기에 모면할 할 수 있었지만, 앞의 두 사건은 까발릴 때는 대문짝 같은 기사였지만 무혐의 처리되었을 때는 어느 신문도 제대로 알려주지 않았다. 언론 자유가 가져다 준 또 다른 횡포일 뿐이다.

큰 사건들도 이 모양인데 사소한 사건들이야 얼마나 많은 오보가 숨어있으랴. 무심코 던진 돌에 개구리가 맞아 죽는 꼴이다. 여론의 치우침 현상도 문제다. 언론의 생명이 취재원의 확인과 정론직필이다. 그럼에도 '카드라 방송'의 소리만 듣고 덩달아 보도하는 일이 허다하다. 독안에 든 것이 쥐인지 고양인지도 확실히 모르면서 독만 두들기는 꼴이다. 그러다가는 어느 날 갑자기 약속이나 한 듯이 모두들 꼬리를 내려버린다. 어지간히 씹었거나 알맹이를 찾지 못했기 때문일 수도 있을 것이다. 그런가하면 떼거리가 많아 여론 형성을 주도하는 집단이나 특정 지역을 비롯하여 이데올로기와 관련된 비판기사는 겁이 나서 입도 뻥끗 못하는 것이 우리 언론의 현실이다. 이것이 무슨 국가와 사회의 정의 실현은 위한 파수꾼이라고 할 수 있는 언론이란 말인가?

우리 언론은 지금 공급과 수요의 팽창으로 유사 이래 전성시대를 구가하고 있지만, 그 질이 양에 정비례하지 못하고 있으니 그것이 문제다.

혼돈의 세태

한 생을 불우하게 살다 간 천상병 시인은 그의 시 귀천에서 "아름다운 세상 소풍 끝나는 날이면 / 가서 아름다웠다고 말하리라."고 했다. 그의 "아름다운 세상"이란 단순히 자연 풍광을 의미하는 것이 아니라 세태의 현상을 의미한 것이리라. 그의 마음이 천사처럼 무구한 때문이었을까, 국가 안보의 과잉 대응에 휘말리어 갖은 고초와 시련을 겪었음에도 천연덕스럽게 아름다운 세상이라고 했으니 말이다.

물론 그가 겪은 아름다운 세상이란 진실로 아름다운 세상이 될 수가 없다. 배고팠던 지난날을 생각한다면 다분히 물질의 풍요가 행복의 우선적 잣대일 수밖에 없지만, 그와 함께 국방과 치안이 튼튼하고 정치와 사회가 안정되어야만 비로소 살기좋 은 아름다운 세상이라고 할 수 있을 것이다. 천 시인이 현존한다 해도 역시 지금 상이 아름답게 보일지는 모르겠지만, 나는 그렇지 못하니 도무지 불안하고 혼돈스러워 견딜 수가 없다. 천 시인만큼 수양이 되지 못했거나 세상사에 순응하지 못하기 때문인지는 모르겠지만.

우선 국회가 그 혼돈의 중심에 서 있다. 고교 역사교과서 개정 문제를 놓고 야당이 사생결단으로 반대 투쟁을 벌이고 있는 것이 그것이다. 검인정교과서를 국정으로 바꾸려는 근본 이유는 그 편찬되는 교과서의 90%가 친북 좌파들이 주도권을 잡고 있기 때문에 우리의 근대사는 폄하 내지 왜곡하고, 북한의 독재는 묵인하거나 미화하는 데서 비롯된 것이다. 그럼에도 그들은 그 진실을 감춘 체 국정화는 독재의 회귀라고 국민들을 현혹시키고 있으니 나라의 장래가 참으로 걱정스럽다.

또 국회선진화법은 이름도 그럴싸하게 만들어 놓았지만, 오히려 국회후진화법이 되고 말았다. 의결 정족수 충족의 주도권을 거머쥔 야당 때문에 절실한 민생법안조차 여당 단독으로는 처리하지 못하니 이게 무슨 다수결의 민주주의인가. 공무원 연금법 개정안은 야당이 공무원노조와 야합하여 반쪽 개혁에 그친 데다 정부의 시행령 제정 권한 제약까지 끼워 넣었다가 대통령의 결단으로 무산되는 해프닝을 빚기도 했다. 이들은 자신들의 입신양명을 위하여 끝없는 패거리 싸움을 벌이면서 저급한 언동까지 서슴지 아니하니 이들이야말로 나라를 혼돈의 세태 속으로 몰아넣는 주역들이 아니고 무엇이겠는가.

국가 안보 또한 마찬가지다. 북한의 호전적 집단은 국제사회의 제재를 아랑곳하지 않은 채 핵무기를 보유한 데다 수시로 도발을 감행하여 국민들을 불안에 빠뜨리고 있다. 휴전선의 지뢰 매설 행위도 마찬가지이다. 거기다가 내재해 있는 종북 좌파들이 정치·문화·사회의 곳곳에 깔려 허구의 민주화를 외치고 있으니 이중의 위협이 아닐 수 없다. 해군기지 건설 반대 및 각종 반정부 반사회적 불법시위를 줄곧 벌이더니 이번에는 고교 역사교과서 국정화 반대 및 민주화라는 깃발을 걸고 수만여 명이 경찰에게 폭력 시위를 벌여 서울 시가지가 무법 상태의 혼란 속에 빠지기도 했다.

세월호 사건은 참으로 안타까운 참사였다. 이 참사로 1년여 간의 시위로 나라가 들썩거리는 바람에 엄청난 혼란과 경제적 손실을 입었다. 이 과정에서 시위꾼들은 민간인과 공권력을 폭행하고 공물을 파괴하기도 했다. 이는 민간 기업이 영업도중에 발생한 사고임에도 처음부터 정치권은 물론, 각종 재야단체와 좌파단체들이 들어붙어 모든 책임을 정부에 뒤집어씌우면서 난장판을 만들었다. 이에는 언론도 한 몫을 했다. 이 때문에 정부는 중과부적의 수세에 몰려 유족들에게 엄청난 보상과 혜택을 주었다. 이들이 무슨 국가의 유공자라도 된다는 말인가.

방산비리는 참으로 천인공노할 일이 아닐 수 없다. 전 현직 육해공군의 장성들 열다섯 명이 사법 처리되거나 옷을 벗었다. 이들은 무기를 만들고 사 오는 과정에서 비리를 저지르고 돈을 뜯어먹는 썩어빠진 무뇌無腦군인들이었다. 그 중심에는 수백억 원의 비자금을 만들어 뿌린 일광그룹의 이규태라는 방산업자가 있었다. 그의 비밀 컨테이너 안에는 각종 군사기밀 서류가 가득했으며, 그의 사생활은 호사스럽기가 극치였으니 가공할 일이 아닐 수 없다. 이 어처구니없는 사건은 단순한 비리의 차원을 넘어 북한 호전광들의 포화에 나라를 내어준 꼴이니 명백한 이적행위가 아니고 무엇이랴.

해외 자원 개발 사업에 참여했던 경남기업의 성완종 회장이 검찰수사의 결백을 주장하면서 자살 직전에 남긴 정치자금 메모는 엄청난 파장을 일으켰다. 이 사건으로 국무총리와 두 전직 비서실장을 비롯한 여당 국회의원, 시장, 도지사 등이 직격탄을 맞고 옷을 벗거나 사법처리가 진행 중에 있기도 하다. 소위 물귀신 작전인 것이다.

생각건대 많은 비리 기업 중에 자신만 타깃으로 삼는 것이 억울해서 풍파를 일으켜 놓고 죽음을 선택한 것이 아닌가 싶다. 하지만 죽음을 담보하고 저지른 그의 처신에 동정은커녕 오히려 국가와 사회에 엄청난 충격과 혼란을 던졌을 뿐이다.

여기에다 세월호의 충격을 능가하는 메르스라는 중동의 전염병이 느닷없이 창궐하여 온 국민들을 불안과 공포에 떨게 하고 서민경제에 직격탄을 날려 엄청난 손실을 입혔다. 다행히 수십 명의 인명 손실만 내고 근 두 달 만에 퇴치 시켰지만, 이 병의 위력을 간과한 정부 당국과 대형병원들의 초동 대처가 실패하여 비롯된 일이었다. 이로 인해 국제사회로부터 소위 의료 선진국이라는 이미지를 여지없이 실추시키기도 했다.

이처럼 정치·문화·사회가 정의를 외면하거나 각종 위기 대응을 제대로 하지 못하여 국민들에게 불안과 고통을 안기고 있으니 어찌 혼돈의 세태 속을 헤매고 있는 사람이 나 하나뿐이겠는가.